Anleitung

zur

Aufzucht, Erhaltung

und

Benutzung der Schafe.

Von

E. Ockel,

Königl. Preußischem Oberamtmann und Administrator des Königl. Stammschäferei-Guts Frankenfelde.

Mit Abbildungen und Tabellen.
(No. I—VIII.)

Zweite Auflage.

Berlin.

Verlag von Veit und Comp.

1846.

Gedruckt bei Julius Sittenfeld in Berlin.

Vorrede.

Nachdem im Jahre 1815 von Seiner Majestät dem hochseligen Könige eine aus den edelsten Heerden Frankreichs angekaufte Merinoheerde hierselbst aufgestellt war, um durch den Verkauf von edlen Widdern und Mutterschafen aus dieser Stammheerde die Verbesserung der inländischen Schafzucht zu befördern und zu erleichtern, wurde auch im Jahre 1825 die hiesige Schäferlehranstalt zur Ausbildung von tüchtigen Schäfern gegründet, damit auch auf diesem Wege auf jenen Zweck hingewirkt werden könne.

Diese Lehranstalt nimmt jährlich zehn junge Leute, die wo möglich schon einige Jahre als Schäferknechte gedient haben, als Lehrlinge auf. Dieselben müssen, da keine Schäferknechte gehalten werden, unter spezieller Leitung des hier angestellten Schafmeisters alle in der Schäferei vorkommenden Arbeiten verrichten, also im Winter das Füttern, im Sommer das Hüten der Schafe besorgen, damit sie hierdurch im praktischen Dienst geübt, und immer in Thätigkeit erhalten werden. Im Winter werden dieselben wöchentlich an mehreren Abenden in dem unterrichtet, was sie als Schafmeister und Schäferknechte wissen müssen, und außerdem wird ihnen auch noch Gelegenheit gegeben, sich im Schreiben und Rechnen zu vervollkommnen. Die Meldung zur Aufnahme in die Lehranstalt geschieht unter Beifügung der Aufführungs-Atteste in den Monaten Januar und Februar. Die Aufnahme erfolgt in der zweiten Hälfte des Monats Mai. Jeder Lehrling erhält Wohnung und freie Beköstigung, so wie auch zehn Thaler Reise-Entschädigung. Wer zwei Jahre in der Anstalt bleibt, erhält im zweiten Jahre eine Gratifikation von zwanzig Thalern.

Im Jahre 1842 wurde durch die Gnade Seiner Majestät unsers allergnädigsten Königs die Administration des hiesigen Stammschäferei-Guts und die Leitung der Schäferlehranstalt mir übertragen. Für meine erste Pflicht hielt ich es, mit allen Kräften für die theoretische und praktische Ausbildung der mir anvertrauten jungen Leute zu sorgen, da hierdurch für jenen großen Zweck, Verbesserung der inländischen Schafzucht, eben so viel gewirkt werden kann, als durch den Verkauf edler Widder und Mutterschafe. Ich bemühte mich deshalb, den Unterricht der jungen Leute so umfassend und ihrer Auffassungsgabe so angemessen und verständlich zu machen, wie es mir für den geistigen Standpunkt, auf dem sie in Folge ihrer früheren Erziehung und Bildung sich befinden, nothwendig erschien. Bei der Lehre von den Krankheiten der Schafe und deren Behandlung benutzte ich da, wo meine eigenen Erfahrungen nicht ausreichten, die besten darüber vorhandenen Schriften, und bestrebte mich hauptsächlich, sie bei jeder Krankheit auf die Entstehungs-Ursachen derselben hinzuleiten und ihnen zu zeigen, wie sie sich zu verhalten haben, um dem Ausbruch der verschiedenen Krankheiten vorzubeugen.

Die Züchtung einer hochedlen Schäferei zeigte ich ihnen bei der hiesigen Heerde, und Wollkenntniß brachte ich ihnen dadurch bei, daß ich sie jedesmal bei mir hatte, wenn ich mit dem Sortiren und Bonitiren derselben beschäftigt war, und daß ich ihnen bei dieser Gelegenheit auf dem Schafe selbst die verschiedenen Eigenschaften der Wolle zeigte. Wie sie sich jedoch bei Züchtung veredelter Schäfereien zu verhalten haben, das suchte ich ihnen in den wöchentlichen Lehrstunden so viel als möglich deutlich zu machen.

Nachdem ich nun vier Jahre lang in obiger Art den Unterricht in der hiesigen Schäferlehranstalt geleitet, und mich davon überzeugt zu haben glaube, daß meine Vorträge dem Fassungsvermögen der mir übergebenen jungen Leute entsprechend sind, habe ich mich entschlossen, dieselben, so wie ich sie als Leitfaden beim Unterricht benutze, durch den Druck der Oeffentlichkeit zu übergeben.

Ich beabsichtige dadurch sowol denjenigen Schäferei-Besitzern, welche mir ihre Schäferknechte, so wie auch denjenigen Schafmeistern und überhaupt allen Vätern, welche mir ihre Söhne anvertrauen, zu zeigen, was denselben hier gelehrt wird, als auch den jungen Leuten selbst, welche gewöhnlich nur auf ein Jahr die hiesige Anstalt besuchen, einen Rathgeber mit in die Heimath zu geben, zu welchem sie ihre Zuflucht nehmen können, wenn sie des Raths bedürfen, und der ihnen Gelegenheit giebt, sich in den hier erlangten Kenntnissen und in den hoffentlich gefaßten guten Vorsätzen zu befestigen.

Von Herzen soll es mich freuen, wenn dieser Zweck einigermaßen erreicht wird.

Frankenfelde 1845.

Ockel.

Inhalt.

Einleitung.

Bevor ich meinen Unterricht über dasjenige, was Euch als Schäfer zu wissen Noth thut, beginne, habe ich Euch Folgendes zu sagen:

Ihr seid nach dieser Anstalt gekommen, um Euch zu tüchtigen und brauchbaren Schäfern auszubilden, und alles zu erlernen, was ein solcher wissen muß! — Wenn Ihr uns nun verlaßt, um Euch als Schäferknechte oder Schafmeister zu vermiethen, so erwartet und verlangt man von Euch mehr, als von anderen Schäfern, die die hiesige Anstalt nicht besucht haben, weil man es weiß, daß Euch hier Gelegenheit gegeben wird, Euch alle diejenigen Kenntnisse zu erwerben, welche Euch in Eurem Stande zu wissen nöthig sind. Wer von Euch also hier nicht fleißig ist, und die ihm gegebene Gelegenheit, etwas zu lernen, nicht ordentlich benutzt, sondern die Anstalt so unwissend verläßt, wie er hergekommen ist, dessen künftiger Dienstherr wird sogleich sehen, daß er einen Menschen bekommen hat, der nicht zuverlässig ist, weil er es hier schon gezeigt, daß er keine Lust und Liebe zu seinem Fache hat; er wird ihn also bald wieder aus seinen Diensten entlassen, und zuletzt wird jeder Bedenken tragen, einem solchen Menschen eine Heerde anzuvertrauen.

Deshalb ist es Eure Pflicht und Schuldigkeit, Euch stets zu bemühen, alles pünktlich so zu machen, wie es Euch hier gezeigt wird, und immer fleißig, ordentlich und aufmerksam beim Unterricht zu sein, damit Ihr Euch an Fleiß und Ordnung gewöhnt, und auch alles lernt, was Euch hier gelehrt wird. Denn Euer Posten, selbst der eines Schäferknechtes, ist wichtiger, als Ihr vielleicht glaubt, da Euch in einer Heerde ein großes Kapital übergeben wird, dessen Verlust Ihr durch Nachlässigkeit und Faulheit sehr leicht herbeiführen, und Eurem Brodherrn einen Schaden verursachen könnt, den Ihr nie im Stande sein würdet ihm zu ersetzen.

Wenn Ihr nun mit allen Euren Kräften dahin strebt, dasjenige, was Euch hier gelehrt wird, zu begreifen, so müßt Ihr auch, wenn Ihr es begriffen habt, Euch bemühen, es in Eurem Gedächtnisse festzuhalten, damit Ihr dessen stets bewußt seid, und es auch immer bei vorkommenden Gelegenheiten anzuwenden wißt.

Wenn Ihr dies zu thun Euch befleißigt, dann werdet Ihr mit Nutzen hier gewesen sein, und dann wird es Euch nie schwer werden, ein gutes Unterkommen zu finden und Euch die Zufriedenheit Eurer Brodherrn zu erwerben. Ihr werdet nicht allein Euch und der Anstalt Ehre machen, sondern Euch für die Zukunft auch ein zufriedenes und sorgenfreies Leben bereiten.

Wenn Ihr nun aber hier etwas gelernt habt, und mehr zu wissen glaubt, als Andere Eures Standes, so dürft Ihr Euch doch nicht mit Euren erlangten Kenntnissen groß thun, und Euch über Eure Genossen, die nicht so viel gelernt zu haben scheinen, erheben wollen, denn das erzeugt Haß und Neid, und macht Euch keine Ehre! — Ihr müßt vielmehr stets bescheiden sein, nie vorlaut, und in Gegenwart älterer Leute, namentlich Eurer Vorgesetzten und Schafmeister, nicht eher sprechen, als bis Ihr um Eure Meinung gefragt seid; denn Euch werden noch immer viele Kenntnisse fehlen, weil Ihr noch jung seid, und also noch keine Erfahrung habt, und

Manches müßt Ihr noch erst kennen lernen, was jene sich durch langjährige Erfahrung schon angeeignet haben, so daß Ihr auch von Ihnen noch Vieles lernen könnt, was Ihr noch nicht wißt.

Beherziget daher das wol, was ich Euch gesagt habe, und handelt stets danach, dann wird es Euch immer wohlergehen, und Ihr werdet es nie zu bereuen haben, daß Ihr meinem Rathe gefolgt seid! —

Ich werde Euch wöchentlich zweimal um mich versammeln, und werde zuerst von der Ernährung der Schafe auf der Weide zu Euch sprechen. Dann werde ich von der Winterfütterung der Schafe sprechen. Darauf werde ich Euch die wichtigsten Krankheiten der Schafe kennen lehren, und Euch die Mittel angeben, welche man bisher zur Heilung derselben angewandt hat. Den Schluß meines Unterrichts wird die Lehre von der Züchtung machen, worin ich es Euch zeigen werde, wie man es anfängt, um eine Schäferei in ihrer Feinheit, der Ausgeglichenheit ihres Wollvließes und in ihrem Wollreichthum zu verbessern, und wie Ihr bei der Wäsche und Schur zu verfahren habt, um eine preiswürdige Waare zu Markte zu bringen, ohne doch Eure Heerde so zu quälen, daß es ihrer Gesundheit nachtheilig werden könnte.

Ehe ich jedoch diesen Unterricht beginne, werde ich Euch erzählen, wie es gekommen ist, daß die Frankenfelder Schäferei gegründet wurde, woher die hiesigen Schafe geholt sind und was bei der Züchtung derselben bisher geschehen ist, damit Ihr doch die Schäferei, in welcher Ihr Euch ein Jahr aufhalten sollt, ordentlich kennen lernt.

Die Frankenfelder Stammschäferei.

Schon Friedrich der Große hatte es erkannt, wie segensreich es sein würde für das Emporblühen der Landeskultur, wenn die inländische Schafzucht durch Einführung der spanischen Merinos verbessert würde. Er ließ deshalb, der erste in Deutschland, im Jahre 1748 eine Parthie Böcke aus Spanien kommen. Allein man verstand es nicht, diese Thiere zu benutzen, und obgleich mehrere Transporte dem ersten folgten, so ist dennoch ihre Wirkung spurlos verschwunden. Auf seinen Befehl wurde sogar im Jahre 1783 eine beträchtliche Anzahl Schafe und Böcke theils aus Spanien, theils von der Küste Afrika's eingeführt, um eine Stammschäferei anzulegen, aber auch dies Unternehmen mißglückte. Die Thiere kamen hier krank an, es fand sich Niemand, der mit Eifer und Umsicht derselben sich annahm, und die ganze Heerde ist endlich verschollen.

Durch die glänzenden Erfolge, welche die Einführung spanischer Schafe in Sachsen auf die Verbesserung der dortigen Schafzucht hatte, bildete sich auch hier der Sinn für veredelte Schafzucht immer mehr aus. Mehrere Gutsbesitzer ließen sich mit Hülfe des Staats Böcke und Schafe aus Spanien kommen, und es sprach sich der allgemeine Wunsch dahin aus, daß auch vom Staate, wie in den benachbarten Ländern, Stammschäfereien angelegt und deren Abkömmlinge unter Garantie der Aechtheit öffentlich verkauft würden. Von unseren Behörden wurde auf diesen Wunsch eingegangen, und die Anwesenheit unserer Kriegsheere in Frankreich im Jahre 1815 auch zum Ankauf von Schafen aus den edelsten Heerden dieses Landes benutzt. Der Kaiser Napoleon hatte nämlich keine Kosten und Mühe gescheut, die schönsten und edelsten Stämme von Schafen aus Spanien nach Frankreich bringen zu lassen, und da auch die Kaiserin Josephine die Schafzucht leidenschaftlich betrieb, so suchten sich die spanischen Großen dadurch in Gunst bei ihr zu setzen, daß sie derselben das Beste ihrer Heerden zum Geschenk machten; aber auch die französischen Marschälle und Minister, namentlich Mürat, Moncey und Chaptal, scheuten keine Mittel, um auch für sich das Beste an edlen Schafen aus Spanien herauszuholen. Dadurch hatten sich in Frankreich so edle Heerden gebildet, daß man in Spanien selbst nichts edleres fand, und ein Ankauf aus denselben mußte vollkommen den gehegten Zwecken entsprechen. Deshalb erhielt der Herr von Dewitz auf Milzow vom Könige den Befehl, unter Leitung des damaligen Geheimen Ober-Finanzraths Rother, Schafe in Frankreich anzukaufen. Er wählte dieselben aus den Heerden des Kaisers in Rambouillet, aus denen der Kaiserin in Malmaison und aus denen des Königs Mürat, des Marschalls Moncey und des Ministers Chaptal in Chanteloupe, und brachte die ausgewählten Thiere im Winter 18$\frac{15}{16}$ unter militairischer Bedeckung nach Bornstedt bei Potsdam.

Während dem war dem verewigten Staatsrath Thaer in Möglin die Oberaufsicht über die zu gründenden Stammschäfereien übertragen, und die Güter Frankenfelde in der Mark und Panthen in Schlesien zur Aufnahme der angekauften Heerden bestimmt, welche im Juni 1816 511 Böcke und 1295 Mütter stark zunächst hierher nach Frankenfelde gebracht wurden.

Die Thiere waren sehr leidend, mit Klauenseuche und Räude behaftet wurden sie hier noch arg von den Pocken heimgesucht, so daß viele starben. Durch die Umsicht und Thätigkeit des zum damaligen Administrator der hiesigen Stammschäferei erwählten jetzigen Amtsrath Lezius wurden diese Krankheiten gehoben und die Gesundheit der Heerde wieder hergestellt. Darauf wurde dieselbe im Jahre 1817 in zwei nach Stämmen, Alter und Qualität ganz gleiche Theile getheilt, und die eine Hälfte nach Panthen zur Gründung der dortigen Schäferei gebracht, die andere Hälfte aber hier in Frankenfelde als Stammschäferei aufgestellt.

Aus der hier gebliebenen Heerde wurden nun 5 Stämme gebildet, die nach den Schäfereien, aus denen sie gekauft waren, mit den Namen Moncey, Rambouillet, Mürat, Malmaison und Chanteloupe bezeichnet wurden. Obgleich dieselben alle dem Infantado-Stamme angehörten, so zeigten sie doch einen verschiedenartigen Wollcharakter, und war es daher die Absicht, diese verschiedenartigen Wollcharaktere rein in sich fortzuzüchten und recht constant zu machen, um dann Böcke verschiedenartigen Charakters aufstellen zu können, aus denen ein jeder Käufer die Auswahl nach seinen besonderen Zwecken treffen konnte. Deshalb wurden jedem Stamm besondere Ohrzeichen gegeben, die Schafe jeden Stammes mit Familiennummern bezeichnet, die Nummern und Stammzeichen in den Registern aufgeführt, und die Zuchtböcke für jeden Stamm nur aus Böcken erwählt, die auch aus diesem Stamm entsprungen waren. Diesem Verfahren blieb man getreu bis zum Jahre 1826. Als nun aber die hochfeinen Wollen mit übermäßigen Preisen bezahlt wurden und es wünschenswerth erschien, um der Nachfrage zu genügen, und auch diese hohen Preise zu erlangen, noch höhere Feinheit zu erhalten, so verließ man den bisherigen Weg, suchte die schönsten und feinsten Böcke aus und wandte sie auf die nach ihren Wolleigenschaften zu ihnen passenden Schafe an, ohne die Sonderung der Stämme stets genau zu berücksichtigen. Jedem Lamme wurde jedoch gleich bei der Geburt das Stammzeichen der Mutter gegeben, und existiren daher noch jetzt jene Stämme dem Namen nach in hiesiger Schäferei, die freilich ihre Abstammung nur von mütterlicher Seite nachweisen können.

Als später sich der Begehr der Schafzüchter mehr zu den Böcken mit schlesischem und sächsischem Wollcharakter hinneigte, wurden im Jahre 1830 100 Stück Schafe aus der Panthener Schäferei, in welcher seit ihrer Begründung mit sächsischen Electoralböcken gezüchtet war, hieher geholt und mit dazu passenden Böcken aus den oben genannten 5 Stämmen gepaart, um den Abkömmlingen dieser Thiere, welche sich durch eine hochfeine und milde Wolle auszeichneten, die Kraft und den Wollreichthum der hiesigen Stämme hinzuzufügen.

Die aus dieser Kreuzung hervorgegangenen Böcke wurden sämmtlich verkauft, und auf den abgehaltenen öffentlichen Auctionen ihres schönen Wollcharakters wegen stets mit den höchsten Preisen bezahlt. Nur zwei Böcke dieser Abkunft, welche durch die schönsten Eigenschaften sich vor allen anderen auszeichneten, wurden späterhin für die Panthener Abkömmlinge benutzt, und haben die ausgezeichnetste Nachzucht geliefert.

Obige 100 Stück Schafe und deren Nachkommen sind gleichfalls mit Familiennummern versehen und haben ein Stammzeichen erhalten.

Im Jahre 1832, als das Ministerium die Administration von Panthen aufhob, und diese Domaine verpachtete, wurden 500 Mutterschafe und 13 Böcke durch den hiesigen Administrator von dort hieher geholt, und 250 Schafe nebst den nöthigen Böcken der hiesigen Stammschäferei einverleibt, die übrigen aber verkauft. Sie erhielten mit ihren Nachkommen Familiennummern und ein Stammzeichen und wurden mit den von dort gebrachten Böcken in sich fortgezüchtet.

Im Jahre 1836 wurden 2 Böcke aus Weistropp und

2 Böcke aus Nauendorff in Sachsen, und im Jahre 1837 ein Bock aus Oschatz angekauft, um mit denselben bei der Panthener (Electoral-) Heerde ein kräftigeres Hervortreten der den Electoralcharakter bezeichnenden Eigenschaften zu bewirken. Allein, obgleich die Böcke sehr schön gewesen sein sollen, ihre Nachkommen entsprachen den gehegten Erwartungen durchaus nicht und die sämmtliche Nachzucht nebst den angekauften Böcken wurde wieder aus der Schäferei entfernt. Seitdem sind keine fremde Böcke gekauft.

Da es zu den Eigenschaften einiger der hiesigen Infantado-Stämme gehörte, daß sie zu starken Fettschweiß in der Wolle zeigten und sich daher schwer bei der Wäsche reinigen ließen, so hat die Administration schon immer ihr Augenmerk darauf gerichtet, diesem Uebelstande bei denselben abzuhelfen. Es sind deshalb alle Thiere, die sich zu einem zu starken Fettschweiß (Pech) in der Wolle hinneigten, nach und nach aus der Schäferei entfernt, und es ist dadurch erreicht, daß die ganze Heerde nur der Schwemmwäsche unterworfen werden darf, nach welcher dann diejenigen Thiere, welche durch dieselbe nicht weiß genug geworden sind, mit einem Waschmittel rein gewaschen werden, und steht zu hoffen, daß diesem Uebelstande bald gänzlich abgeholfen sein wird.

In einer jährlich abgehaltenen Auction wurden bis zum Jahre 1842 die entbehrlichen Mutterschafe und Böcke an den Meistbietenden verkauft. Die darüber geführten Listen weisen nach, daß bis dahin durchschnittlich jährlich 100 Böcke und 200 Mutterschafe verkauft wurden, und die Schäferei von circa 2000 Stück Schafen jährlich nahe an 8000 Thlr., also pro Stück 4 Thlr. einbrachte. Geschoren wurde im schlechtesten Jahre durchschnittlich pro 100 Stück 9⅔ Stein, und im besten Jahre 11 Stein. Da sich jedoch in neuerer Zeit die allgemeine Stimme gegen die Bockauctionen ausgesprochen hat, so sind dieselben seit einigen Jahren aufgehoben, und werden die Böcke vom Monat Januar an mit festen Preisen zur freien Auswahl für Jedermann zum Verkauf gestellt.

Aus dem Vorhergehenden geht also hervor, daß in hiesiger Stammschäferei existirten:

I. als Repräsentanten des Infantado-Stammes diejenigen fünf Stämme, welche mit den Namen Moncey, Rambouillet, Mürat, Malmaison und Chanteloupe benannt wurden;

II. als Repräsentanten des Electoral-Stammes die Nachkommen der im Jahre 1832 aus der Panthener Stammschäferei der hiesigen einverleibten 250 Schafe und 13 Böcke, und

III. als Repräsentanten eines aus dem Infantado- und Electoral-Stamme gemischten Stammes die Nachkommen der im Jahre 1830 aus Panthen hierher geholten 100 Schafe, welche mit hiesigen Infantado-Böcken gepaart wurden.

Als mir nun im Jahre 1842 die Administration der hiesigen Stammschäferei übertragen wurde, hegte ich die Hoffnung, die oben erwähnten Infantado-Stämme nicht blos nach ihren noch beibehaltenen Namen, sondern auch in ihren ursprünglichen verschiedenen Wollcharakteren wieder herstellen zu können; denn es dürfte wol dem Zweck der hiesigen Stammschäferei entsprechen, verschiedene Stämme neben einander zu züchten; allein eine Zusammenstellung zeigte mir, daß aus denselben eine ziemlich ausgeglichene Heerde geworden war, und eine Herstellung derselben in ihren früheren Wollcharakteren, wenn auch am Ende möglich, doch nie eine Wahrheit werden würde, deren wir uns doch gerade hier in jeder Hinsicht befleißigen müssen. Da ich aber auch bei dieser Zusammenstellung gefunden hatte, daß, wenn auch mein Vorgänger die Infantado- und Electoral-Heerde in den Heerden getrennt erhalten hatte, er sie doch nach gleichen Grundsätzen, allein die Feinheit vor Augen habend, züchtete, und dadurch zwei Heerden erhielt, die sich in ihren Wollcharakteren wenig unterschieden, so ließ ich die Idee, jene 5 Infantado-Stämme in ihren ursprünglichen Wollcharakteren wiederum herstellen zu wollen, gänzlich fallen, und schlug dafür folgenden Weg ein.

I. Aus den oben genannten 5 Infantado-Stämmen wählte ich diejenigen Thiere aus, welche in ihrer äußeren Gestalt den Infantadocharakter am treuesten darstellten, und bildete daraus eine Infantado-Eliten-Heerde. Sie erhielten im rechten Ohr eine fortlaufende tätowirte Nummer, und im linken Ohre die tätowirte Jahreszahl ihrer Geburt. Außerdem erhielten sie eine durch Einschnitte in den Ohren dargestellte Familiennummer und ein durch einen Kerb in der Spitze des linken Ohres dargestelltes Stammzeichen.

II. Aus den Nachkommen der im Jahre 1832 hieher gebrachten Panthener Heerde wählte ich diejenigen Thiere aus, welche in ihrer äußeren Gestalt den Electoralcharakter am treusten darstellten, und bildete daraus eine Electoral-Eliten-Heerde. Sie erhielten gleichfalls im rechten Ohre eine fortlaufende tätowirte Nummer, und im linken Ohre die tätowirte Jahreszahl ihrer Geburt. Außerdem erhielten sie auch eine durch Einschnitte in den Ohren dargestellte Familiennummer und ein durch einen Kerb in der Spitze des rechten Ohres dargestelltes Stammzeichen.

Ueber obige beide, den Infantado- und Electoral-Charakter darstellende, Eliten-Heerden führe ich zwei besondere Stammregister, welche ich so eingerichtet habe, daß aus denselben rasch und genau die Vererbung in den Familien zu ersehen ist, weil gerade hierauf sehr viel ankommt, um bei der Züchtung zu einer constanten Vererbung zu kommen und dieselbe auch festzuhalten.

III. Aus beiden Heerden, sowol der Infantado- als Electoral-Heerde, wählte ich ferner diejenigen Thiere aus, welche eine lange und schlichte Wolle trugen, die auch etwas stark im

Haar war, um nach und nach durch homogene Paarung aus denselben einen kleinen Stamm Merino-Kammwollschafe zu bilden. Sie erhalten weder fortlaufende tätowirte noch Familiennummern, aber ein Stammzeichen.

IV. Alle übrigen nicht zu den obigen 3 Stämmen passenden Thiere habe ich in eine gemischte Heerde zusammengestellt und in 4 Klassen sortirt. Sie haben keine tätowirte Nummern, aber ein Ohrzeichen, welches sie als zur gemischten Heerde gehörig bezeichnet, und ein anderes Ohrzeichen, welches andeutet, zu welcher Klasse derselben sie gehören.

Als die hiesige Stammschäferei im Jahre 1816 gegründet wurde, war es alleiniger Zweck derselben, sich dadurch um die Verbesserung der inländischen Schafzucht verdient zu machen, daß sie den Schäfereibesitzern Gelegenheit gab, unter Garantie der Aechtheit edle Merino-Böcke und Schafe anzukaufen. Jetzt darf ihr jedoch dieser Zweck allein nicht mehr genügen, sondern sie soll sich bestreben, auch dadurch um die Schäfereien des Landes sich verdient zu machen, daß in ihr diejenigen Elemente erhalten werden, welche immer nöthig sind, um solchen Schäfereibesitzern, welche bei der Züchtung ihrer Heerden durch zu schnelles Befolgen der oft wechselnden Ansichten der Wollhändler und Fabrikanten oder durch eigene falsche Ansichten auf Abwege gerathen sind, die Mittel zur Umkehr zu gewähren.

Deshalb soll hier in beiden obengenannten Elitenheerden sowol der Infantado- als der Electoralcharakter strenge festgehalten, und auch ferner durch Inzucht und homogene Paarung recht constant in seiner Vererbung gemacht werden, wodurch es denn möglich wird, einem jeden Schafzüchter immer dasjenige, was er braucht, geben und ihm auch eine sichere Vererbung des gewünschten Wollcharakters verbürgen zu können. Die gemischte Heerde soll dagegen, so wie die obigen Elitenheerden jährlich zunehmen, sich mit jedem Jahre verringern, und zuletzt nur in geringer Stückzahl fortbestehen, um Euch als Beispiel zu dienen, wie man bei Züchtung veredelter Heerden zu verfahren hat.

I.

Von der Ernährung der Schafe auf der Weide.

Die Weiden, welche wir für die Schafe benutzen, bestehen entweder

1) aus natürlichen Weiden, d. h. solchen, welche nicht geackert, sondern ihres geringen Bodens oder anderer Umstände wegen nur zur Schafweide benutzt werden, oder
2) aus künstlichen Weiden, d. h. solchen, welche mit Klee und verschiedenen Grassaamen zur Weide angesäet, einige Jahre als solche genutzt, und dann wieder geackert werden.

Ich werde zunächst über die ersteren sprechen. Wenn gleich jetzt auf fast allen Gütern dafür gesorgt ist, daß für die Schafe künstliche Weiden vorhanden sind, so giebt es doch noch viele Gegenden, wo die Schafe ihre Nahrung in den Waldungen und auf entfernten Grundstücken suchen müssen, welche nie der Pflug berührt, und an welchen die pflegende und nachhelfende Hand des Menschen nie etwas gethan hat. Am gefährlichsten in dieser Hinsicht ist eine aus trockenen Höhen und aus Niederungen, die der Ueberschwemmung unterworfen sind, bestehende Weidefläche, die durch Abzugsgräben nicht entwässert ist. Wenn wegen Dürre die Höhen nicht mehr zureichende Nahrung darbieten, so überwältigt der Hunger den natürlichen Instinkt der Schafe, sie eilen den überschwemmt gewesenen Niederungen zu, und nehmen dort Nahrung zu sich, die ihnen nicht nur schädlich ist, sondern ihnen auch sicher den Tod bringt. Hier ist also große Gefahr für die Gesundheit der Thiere vorhanden, und dies ist der Punkt, wo Ihr es zeigen könnt, ob Ihr Eurem Fache so weit gewachsen seid, und Kenntnisse, guten Willen und Thätigkeit genug besitzt, um die Euch übergebene Heerde so zu führen, daß die Schädlichkeiten der Weide der Gesundheit derselben nicht nachtheilig werden.

Gewächse, die auf niedrigem und nassem Boden, so wie diejenigen, welche auf Moor- und Torfboden gewachsen sind, enthalten nicht nur wenig wirkliche Nahrung, sondern auch theils saure und scharfe, theils andre üble Säfte, die der Gesundheit der Schafe sehr nachtheilig sind. Seid Ihr nun gezwungen zur Sättigung Eures Viehes auch diese Weiden mitzubenutzen, so gedenket, daß nichts in der Welt gradhin durch seine Eigenschaft schädlich wird, sondern lediglich durch seine Menge, in der es genossen wird. Lasset also Euer Vieh nicht ganze Tage lang auf solchen schädlichen Weiden Sättigung suchen, sondern führet die Heerde zuvor auf Brach- oder Stoppelfelder oder andere Weideflächen, welche gesunde und gedeihliche oder doch wenigstens unschädliche Gewächse darbieten.

Habt Ihr Gelegenheit Euer Vieh auf Stellen zu führen, wo Feldkümmel, Ackerminze oder andere dergleichen gewürzhafte Kräuter wachsen, so versäumt es nicht solche Stellen zu benutzen, denn alle diese Gewächse stärken die Verdauungs-Werkzeuge, und beugen dadurch den nachtheiligen Wirkungen der schädlichen sauren Gewächse vor.

Ist es Euch gestattet Euer Vieh in Laubwälder zu führen, die jedoch keinen nassen und sumpfigen Boden haben dürfen, wo es Blätter von Gesträuchen fressen kann, so bekömmt es in denselben eine wahre Arznei gegen die nachtheiligen Einflüsse schlechter Weidegewächse. Aber auch Kiefernwälder, obgleich sie nie eine kräftige Weide gewähren, bieten oft einen guten Nothbehelf dar im zeitigen Frühjahr und bei anhaltend nasser Witterung.

Könnt Ihr Eurem Vieh jedoch nicht eine hinreichende Menge der vorngenannten Schutzmittel gegen schlechte Weidegewächse verschaffen, da die Oertlichkeit dieselben nicht immer darbietet, so sehet wenigstens zu, daß Ihr demselben, bevor es auf die Weide geht, ein trockenes Futter reichen könnt. Dies hat erstens das Gute, daß das Vieh nicht hungrig auf die Weide kommt, und also von den schädlichen Gewächsen, als da sind: die Wolfsmilch, der Hahnenfuß, das Mauseohr, der Schierling und mehr dergleichen, nicht so viel zu sich nimmt; und zweitens vermischen sich die schädlichen Säfte solcher Gewächse mit der trockenen Fütterung und werden den Thieren dadurch weniger nachtheilig. Es ist auch gar nicht nöthig, daß Ihr ihnen Heu vorlegt, gutes Stroh ist ganz hinreichend und thut hierbei dieselben Dienste. Bei dieser Fütterung müßt Ihr aber darauf bedacht sein, daß die Thiere hinlänglich reines Trinkwasser bekommen; dies ist nicht nur nothwendig zur besseren Verdauung der trockenen Nahrungsmittel, sondern es wird ihnen auch dadurch heilsam, weil durch dasselbe die Schärfe, welche mit den ungesunden Gewächsen in die Eingeweide der Thiere gekommen ist, verdünnt und ihre Schädlichkeit vermindert wird.

Was ich Euch nun bisher von den Schädlichkeiten der natürlichen Weiden gesagt habe, betrifft lediglich solche, welche von Natur als ungesund zu betrachten sind; allein auch diejenigen Weiden, natürliche sowol wie künstliche, welche an sich die schönsten und gesundesten sind, können schädlich und sogar höchst schädlich werden, und zwar durch äußere Witterungs-Einflüsse verbunden mit sorgloser Haltung.

Eine sehr regnige, vielleicht einige Wochen hintereinander dauernde Witterung hat das Ueble, daß die Gewächse dadurch eine dem Vieh sehr nachtheilige Wässrigkeit bekommen, und die kalte Nässe auch, von welcher die Thiere dann beständig gepeinigt werden, von außen her sehr schädlich auf sie einwirkt. Beides zusammen erzeugt, wenn es zu lange anhält, viele Krankheiten, namentlich die Bleichsucht, oder diejenige sehr böse Krankheit, welche das Faulwerden, Verhüten &c. genannt wird.

Um nun den üblen Einflüssen solcher Witterung bei den Euch anvertrauten Heerden zu entgehen, müßt Ihr Folgendes, was sowol für natürliche als künstliche Weiden gilt, beobachten:

Wenn eine trübe mit vielem Regen vermischte Witterung mehrere Tage anhält, so darf, wenn trockenes Futter vorhanden ist, das Vieh an keinem Morgen eher ausgetrieben werden, als bis es ein solches Futter verzehrt hat; jedoch darf es auch dann nicht länger als einige Stunden, und wenn der Regen heftig fällt, nur höchstens zwei Stunden auf der nassen Weide bleiben. Wenn es dann wieder vier bis fünf Stunden im Stalle gewesen und etwas trockenes Futter gefressen hat, so kann es wieder einige Stunden auf die Weide geführt werden. Ein längerer Aufenthalt auf der Weide als 4 bis 6 Stunden täglich, würde der Gesundheit der Thiere, durch die kalte Nässe, die sie von außen her trifft, höchst schädlich werden.

Zur Nacht muß das Vieh mit einer guten Streu versorgt werden, damit es sich auf derselben erwärmen und einigermaßen abtrocknen kann, welches letztere zur Verhütung von Krankheiten höchst nothwendig ist.

Bemerket Ihr, daß das auf diese Weise genährte Vieh Neigung zum Trinken hat, so müßt Ihr ja dieselbe befriedigen; denn es zeigt dies, daß die nassen Weidegräser, welche das Vieh gefressen hat, nicht hinlänglich Feuchtigkeit enthalten haben, um das trockene Futter, welches dasselbe im Stalle verzehrt hat, gehörig zu erweichen. Jedoch darf dies Tränken nicht aus stehendem vom Regen zusammengelaufenem Wasser geschehen, sondern das Vieh muß mit Brunnenwasser getränkt werden, und zwar gleich am Morgen ehe es auf die Weide kommt. In heißen Sommertagen muß dann natürlich dafür gesorgt werden, daß die Tröge einige Zeit vorher, ehe die Thiere getränkt werden sollen, aus dem Brunnen gefüllt werden. Das Wasser verliert dadurch etwas von seiner Brunnenkälte, und wird dem Vieh gedeihlicher.

Wenn Ihr nun aber bei einer solchen nassen Witterung kein trockenes Futter bekommen könnt, ja nicht einmal Stroh, und Ihr folglich die Sättigung des Euch übergebenen Viehs durchaus auf der durch die Witterung so schädlich werdenden Weide zu beschaffen gezwungen wäret, so ist es Euch doch möglich, dem Eurer Heerde drohenden Unglück größtentheils zu entgehen, wenn Ihr sie sowol Vor- als Nachmittags jedesmal nur höchstens drei Stunden weiden laßt, jedoch so, daß die Thiere dabei immer in einiger Bewegung erhalten werden, und daß Ihr sie soviel als möglich auf Stellen führet, die an und für sich einen trockenen Boden haben. Daß Euer Vieh bei einer solchen Haltung zurückkommen, auch die Wolle sehr leiden wird, muß Euch aber klar sein, weshalb ich es Euch nicht genug anrathen kann, mit Eurem Winterfutter sparsam umzugehen, damit Ihr auch im Sommer für solche Witterung trockenes Futter vorräthig habt.

Sollte Euch auch sogar die Streu im Stalle fehlen, so bleibt zur nöthigen Erwärmung des durchkälteten Viehs nichts übrig, als daß Ihr dasselbe möglichst eng im Stalle zusammenbringt, damit es sich dadurch wechselseitig erwärmt.

Wenn während der Zeit, daß Ihr mit der Heerde auf der Weide seid, der Regen aufhört, und die Sonne sich zeigt, so könnt Ihr unbedenklich dieselbe bis zum Abend weiden lassen; sobald es aber wieder anfängt zu regnen, so müßt Ihr mit derselben wieder zum Stalle zurückkehren. So oft dies nun geschieht, so führet dieselbe in einem etwas geschwinden Gange, weil durch eine solche Bewegung das

Blut besser in Umlauf gebracht, und folglich auch die Körperwärme vermehrt wird.

Bei einer solchen schlechten Witterung die Schafe des Nachts in Hürden liegen zu lassen, ist, wie Ihr schon aus dem Vorhergesagten abnehmen könnt, einer der größten Fehler, der bei der Schaf-Viehhaltung nur begangen werden kann, und Ihr müßt denselben durchaus vermeiden, wenn das Vieh gesund bleiben soll.

Auf beinahe gleiche Weise vorsichtig müßt Ihr handeln, wenn die Felder stark vom Thau durchnäßt sind. Das Vieh muß dann vor dem Austreiben ebenfalls ein trockenes Futter bekommen, und sollte es wegen Mangel desselben nicht geschehen können, so muß dasselbe wenigstens nicht eher auf die Weide getrieben werden, als bis der Thau abgetrocknet ist, was etwa um 9 oder 10 Uhr Vormittags geschehen zu sein pflegt.

Noch muß ich Euch darauf aufmerksam machen, daß es rathsam ist, beim Herannahen eines starken Gewitters die Heerde in den Stall zu bringen; denn bei dem furchtsamen Wesen der Schafe ängstigen sich diese Thiere bei dem Donnern und Blitzen so sehr, daß sie der Stimme des Hirten nicht mehr gehorchen, sondern auseinander laufen, und in den Feldfrüchten Schaden anrichten, oder gar über die Grenze auf fremde Feldmarken laufen.

Ehe wir die natürlichen Weiden verlassen, muß ich noch der Wiesenweide erwähnen. Wenn eine Gutswirthschaft die Wiesen in der Nähe hat, so giebt es nichts Vortheilhafteres und für die Gesundheits-Erhaltung der Schafe Günstigeres, als die Benutzung derselben mit den Schafen, so fern dieselben hoch gelegen und trocken sind. Saure, sumpfige und nasse Wiesen sind jedoch eben so gefährlich, als dergleichen natürliche Ackerweiden, wie Euch solches aus dem, was ich Euch früher gesagt, wol begreiflich sein wird. Ihr dürft dieselben daher nur höchstens im Frühjahr, und auch dann nur mit größter

Vorsicht, nie aber im Herbst benutzen. Die trockenen Wiesen dagegen könnt Ihr unbedenklich im Frühjahr und Herbst von Euren Schafen beweiden lassen; im Frühjahr pflegt man dies jedoch nicht länger, als bis zum 1. Mai zu thun, weil man sonst zu viel am Heugewinn einbüßt, im Herbst dagegen könnt Ihr sie so lange benutzen, bis Schnee fällt. Sollte die Witterung jedoch naß und sehr fruchtbar sein, so daß das Gras einen üppigen Wachsthum zeigt, so müßt Ihr auch bei Benutzung der Wiesen große Vorsicht beobachten, und dürft sie nur abwechselnd und in kurzen Zeitabschnitten von den Schafen beweiden lassen. Dasselbe gilt von den sogenannten Rieselwiesen zu den Zeiten, wo Euch die Benutzung derselben mit Euren Schafen gestattet ist, denn auf ihnen pflegt in der Regel, je nach der Beschaffenheit des für dieselben benutzten Wassers, auch ein üppiger und kräftiger Graswuchs statt zu finden.

Wir kommen nun zu den künstlichen und Ackerweiden, deren Benutzung auch viel Vorsicht und Aufmerksamkeit erfordert, und zwar sowol der Euch anvertrauten Heerden, als auch der Erhaltung der Weide wegen.

Zuerst will ich Euch darauf aufmerksam machen, daß Ihr sehr vorsichtig sein müßt, wenn Ihr die Heerde auf Sturzäcker führet, die stark mit Hederich bewachsen sind, oder auf umgepflügte Rapsstoppel, wo viel junger Raps aufgeschossen ist. Auf solchen Feldern dürft Ihr die Heerde nicht nach Gefallen weiden lassen, sondern müßt dieselbe, wenn sie höchstens eine halbe Stunde dort geweidet hat, auf eine magere Weide führen. Nach Verlauf einer Stunde könnt Ihr dann der ersten Weide wieder zutreiben, müßt aber in solchen Abwechselungen den Tag über fortfahren, sonst lauft Ihr Gefahr, daß Euer Vieh die Blähsucht oder diejenige Krankheit bekömmt, welche Euch unter den Benennungen Trommelsucht, Padde, Aufblähen oder Aufschwellen ꝛc. bekannt sein wird, und welche schon viel Unheil angerichtet hat. Sehr gut ist es, wenn Ihr dem

Vieh, ehe es nach solchen Weiden getrieben wird, vorher ein trockenes Futter, und wenn auch nur Stroh, geben könnt.

Wenn Ihr die Heerde zuerst auf Roggen- oder Weizenstoppel führet, so müßt Ihr gleichfalls sehr aufmerksam sein, und dürft dieselbe, wenn viele Aehren dort liegen geblieben sind, auch nicht lange auf denselben weiden lassen, weil sowol der übermäßige Genuß des frischen Getreides, als auch der des jung aufgewachsenen oder gar ausgewachsenen Getreides den augenblicklichen Tod der Thiere herbeiführen kann.

Was nun eine mit Klee- und Grassaamen frisch angesäete Weide betrifft, so dürft Ihr dieselbe nicht eher stark mit Schafen besetzen, als bis sich der Klee und die Gräser ausgebreitet haben und einen dichten Rasen bilden, und ganz und gar müßt Ihr sie schonen, wenn sie durch anhaltenden Regen in einem weichen Zustande sich befindet, weil dann die Schafe mit ihren spitzen Füßen die Weidepflanzen in den Grund treten und die Weide gänzlich verderben würden. Müßt Ihr daher bei anhaltender Nässe Euer Vieh auf die Weide führen, so suchet die älteren bereits verraseten Weidegrundstücke auf, die frisch angesäeten aber verschonet. Es ist überhaupt rathsam, bei anhaltender Nässe von den gewöhnlich benutzten Kleeweiden entfernt zu bleiben, und wo Ihr Gelegenheit habt, Eure Heerde auf Waldweide zu führen, da versäumet es ja nicht, sie bei solcher Witterung zu benutzen.

Wird Euch ein Weideschlag zur Benutzung überwiesen, auf dem Klee und Gras schon lang und üppig gewachsen sind, so dürft Ihr denselben nicht mit einem Male von den Schafen durchziehen lassen, weil sie sich Steige machen, und viel Gras zertreten würden, sondern Ihr müßt Ihnen täglich nur so viel einräumen, als sie zur Sättigung bedürfen, so daß sie gezwungen sind, alles bis auf den Grund abzufressen. Da die Schafe vorzugsweise das junge Gras lieben, und das ältere verschmähen, so werden sie auf diese Weise immer mehr

Nahrung und eine bessere Weide finden, als wenn Ihr täglich mit ihnen die ganze Euch überwiesene Weidefläche durchzöget. Ueberhaupt ist es sehr vortheilhaft bei Benutzung der künstlichen Weiden, wenn Ihr mit der Euch übergebenen Heerde das Euch eingeräumte Weiderevier nicht täglich der Länge und Breite nach durchziehet, sondern es Euch in drei Theile eintheilet. Da hütet Ihr denn auf dem ersten Theile 4 bis 5 Tage, je nachdem die Witterung fruchtbar ist, und den Klee rascher oder langsamer nachwachsen läßt; dann treibet Ihr nach dem zweiten Theile, schont den ersten gänzlich und laßt die Schafe ausschließlich auf diesem wieder 4 bis 5 Tage weiden; dann schonet Ihr auch diesen und hütet 4 bis 5 Tage allein auf dem dritten Theile. Nach 8 bis 10 Tagen findet Ihr dann, wenn Ihr auf den zuerst abgehüteten Theil zurückkehrt, wieder frisches Gras für Eure Heerde; Ihr könnt dieselbe also alle 8 bis 10 Tage auf eine frische Weide führen, sie wird immer mit Wohlbehagen fressen und gut genährt sein, ohne daß Ihr dazu einer großen Weidefläche bedürft.

Noch muß ich Euch darauf aufmerksam machen, daß es gefährlich ist, bei nassem Wetter den jungen Klee in der Sommerstoppel zu hüten, und daß Ihr gleichfalls viel Vorsicht anwenden müßt bei Benutzung der Stoppel der Mähekleeschläge, wenn dieselben im Frühjahr gegipst waren. Sollte der Klee auch zweimal gemäht, und nur erst kurz wieder aufgeschossen sein, so wird er doch, falls er im Frühjahr gegipst war, bei den Schafen sehr bald die Blähsucht bewirken, der dann, wenn nicht schnelle Hülfe eintritt, sehr bald der Tod folgt. Im erhöhten Grade ist dies namentlich bei den Lämmern der Fall. Das einfachste und am rascheſten wirkende Mittel gegen diese Krankheit ist der frische Theer, welcher den erkrankten Thieren auf die Zunge gestrichen wird. Deshalb müßt Ihr auch dafür sorgen, daß Ihr denselben immer bei der Hand habt, wenn Ihr Eure Schafe auf solche gefährliche Weiden führen müßt.

Um aber den Ausbruch der Krankheit zu verhüten, müßt Ihr dasselbe Verfahren beobachten, welches ich Euch bei Benutzung solcher Felder, wo viel junger Hedrich und Raps aufgeschossen ist, angerathen habe. Ihr werdet wenigstens dadurch bewirken, daß nicht die ganze Heerde von dieser Krankheit ergriffen wird, und einzelnen Thieren ist dann bald geholfen.

Aus dem, was ich Euch bisher über die Ernährung der Schafe auf der Weide gesagt habe, werdet Ihr sehen, wie wichtig das Geschäft des Hütens der Schafe ist und wie sehr es Eure angestrengteste Aufmerksamkeit und Thätigkeit in Anspruch nimmt, Ihr möget nun mit Eurer Heerde auf einer natürlichen, aber mit gefährlichen Niederungen und sandigen Höhen versehenen Weidefläche, oder auf einer mit Grassaamen und Klee angesäeten Trift zwischen blühenden Kornfeldern Euch befinden.

Im ersteren Falle, sofern ihr nicht aufmerksam seid, oder Euch wol gar, gedrückt von der Hitze des Tages, an einem schattigen Ort niedersetzt und dort einschlaft, können die Schafe die gefährlichen Niederungen betreten, und die ganze Euch anvertraute Heerde kann durch Eure Nachlässigkeit verloren gehen, während dieselbe gesund geblieben wäre, wenn Ihr Eure Schuldigkeit gethan hättet.

Im zweiten Falle, die von Euch beaufsichtigte Heerde weide auf einer sowol an sich selbst, als auch durch die Witterung für ganz gesund anzusehenden Trift, wo für das Wohl Eurer Heerde durchaus nichts zu befürchten ist, so kann dennoch Eure Unachtsamkeit und Nachlässigkeit Eurem Brodherrn dadurch Schaden zufügen, daß Eure Heerde in das neben der Weide stehende Getreide geht, und dieses abfrißt, oder gar auf fremde Feldmarken übertritt, und dort Unheil anrichtet. Ja selbst das Benaschen des an Euer Weide-Revier grenzenden Getreides oder das Uebertreten einzelner Thiere auf die bestellten Saatfelder darf nie stattfinden; wenn auch der dadurch angerichtete Schaden nur klein ist, so wird er doch immer ein Zeichen Eurer Nachlässigkeit und Unordnung sein, und ein nachtheiliges Licht auf Eure Tüchtigkeit und Brauchbarkeit werfen.

Deshalb lasset es Euch stets zur ersten Regel dienen, nie hinter Eurer weidenden Heerde Euch niederzusetzen, sondern dabei umhergehend derselben mit aufmerksamem Auge zu folgen, und denket stets daran, daß Euch in Eurer Heerde ein Kapital von großem Werth übergeben ist, welches zu erhalten und vor Schaden zu bewahren, und zwar mit größter Aufmerksamkeit und Thätigkeit, Eure erste Pflicht und Schuldigkeit ist.

Weil Ihr nun aber immer aufmerksam auf die Euch übergebene Heerde sein müßt, so ist es auch nicht zulässig, daß Ihr Euch beim Hüten mit Stricken und anderen dergleichen Handarbeiten beschäftigt, wodurch Eure Aufmerksamkeit von der Heerde abgelenkt wird. Ihr werdet neben dem Hüten, ohne die Beaufsichtigung Eurer Heerde zu vernachlässigen, immer dadurch noch hinreichende Beschäftigung finden, daß Ihr die Weide von Disteln und anderen schädlichen Unkräutern reinigt, wozu Ihr Euch eines kleinen an Eurem Stocke befestigten Spatels bedienen könnt.

Ueber das Tränken der Schafe habe ich schon vorn gesprochen, ich bemerke daher hier nur noch, daß man zwar früher geglaubt hat, das Schaf bedürfe im Sommer, wo es blos von grüner saftiger Nahrung lebt, keines Wassers zu seinem Wohlbefinden, daß man jedoch schon längst von dieser falschen Ansicht zurückgekommen ist. Ihr müßt daher Eurer Heerde täglich frisches Trinkwasser anbieten, jedoch darf dies nicht des Mittags in der Hitze oder des Abends beim Zurückkehren von der Weide, sondern es muß des Morgens geschehen, ehe Ihr auf die Weide treibt, dann habt Ihr nicht zu befürchten, daß die Thiere, gedrückt von der Hitze, oder erhitzt von dem Weidengange zu viel saufen, und sich dadurch Schaden zufügen.

II.

Von der Winterfütterung der Schafe.

So wie man den Uebergang von der trockenen Winterfütterung der Schafe zur Ernährung auf der Weide nur allmählig macht, indem man denselben des Vormittags ihr gewöhnliches Futter giebt und sie des Nachmittags einige Stunden auf die Weide führt, bis sich ihre Natur an diese schroffe Umänderung gewöhnt hat, und die Weideflächen hinreichende Nahrung für die weidenden Heerden darbieten, und es zulassen, ihnen das trockene Futter gänzlich zu entziehen: eben so müßt Ihr den Uebergang vom Weidengange der Schafe zur Winterfütterung nur allmählig machen, indem Ihr ihnen anfänglich einmal, und wenn die Witterung rauher, die Weide geringer wird, zweimal Stroh vorlegt, bis Ihr denn endlich gänzlich mit denselben auf dem Stalle bleibt.

Bevor Ihr nun die Stallfütterung beginnt, müsset Ihr Euch einen möglichst genauen Ueberschlag machen, sowol von den Heu- als Stroh-Vorräthen und auch von den Wurzelgewächsen, welche Euch zur Fütterung der Schafe überwiesen sind, um Euch danach ungefähr zu berechnen, wie viel Ihr täglich verfüttern könnt, um bis zu einer bestimmten Zeit auszukommen. Denn derjenige ist ein schlechter, ein unzuverlässiger Schäfer, welcher blindlings darauf los füttert, ohne Maaß und Ziel zu beobachten, und dann lange vor der Zeit mit seinen Vorräthen zu Ende ist, bis zu welcher er ausgekommen wäre, wenn er sich gleich von vorne herein ordentlich eingerichtet hätte. Es ist um so mehr nöthig, daß Ihr sparsam und haushälterisch mit den Futtervorräthen umgeht, da ich sogar verlange, daß Ihr Euch so einrichten sollt, daß etwas für den Sommer übrig bleibt. Denn Ihr habt es vorn gehört, wie seegensreich und wie vortheilhaft es für die Gesundheits-Erhaltung Eurer Heerden ist, wenn Ihr ihnen im Sommer bei lange anhaltender regniger Witterung im Stalle ein trocknes Futter geben könnt; dies ist aber unmöglich, wenn Ihr alles im Winter verbraucht und nichts für den Sommer aufgespart habt.

Ihr wißt es alle, die Schafe werden ihrer Wolle wegen gehalten. Wenn sich diese nun gut auf dem Markte verkaufen soll, so muß sie nicht allein gut und rein gewaschen sein, sondern sie muß auch einen kräftigen und gleichmäßigen Wuchs haben. Wer nun aber seine Schafe bald übermäßig füttert, bald sie hungern läßt, der wird dies nie erreichen, sondern stets eine schlechte Wolle zu Markte bringen, da auch der geringste in der Fütterung vorgekommene Fehler sich in der Wolle deutlich zeigt, und ihren Werth verringert. Deshalb ist es die erste Regel bei Fütterung von Schafen, sie stets so gleichmäßig wie möglich zu ernähren, d. h. ihnen immer grade so viel zu geben, daß sie gut genährt sind, ohne daß sie doch mastig werden, damit die Wolle ihren gleichmäßigen Wuchs behält. Denn wir haben auch wieder durch die vom 1. Jan. bis 28. Mai 1846 ausgeführten Fütterungsversuche mit Schafen gesehen, daß wir durch eine Fütterung von $2\frac{1}{4}$ bis $2\frac{1}{2}$ Pfd. Heuwerth pro Schaf die höchsten Wollerträge erhalten, nämlich $2\frac{5}{8}$ Lth. Wolle auf 10 Pfd. Productionsfutter, wobei noch eine Fleischzunahme von $4\frac{1}{3}$ Lth. pro 10 Pfd. Productionsfutter stattfindet; wogegen durch jede Ueberschreitung dieses Futterquantums nicht mehr Wolle, sondern nur mehr Fleisch producirt wurde. Wer also seine Zuchtschafe mastig füttert, der kennt seinen eignen Vortheil nicht; denn es ist dies ein gar theures Fleisch, da auch der Fabrikant Wolle, die auf dergleichen Schafen gewachsen ist, nicht so gern kauft und mit geringeren Preisen bezahlt.

Damit Ihr nun aber auch im Stande seid, Eure Schafe gleichmäßig zu füttern, so müßt Ihr auch wissen, wie Ihr die verschiedenen Futtermittel, welche Euch zu Gebote stehen, verwenden müßt, und welchen Futterwerth dieselben haben, so wie auch auf welche Weise die verschiedenen Altersklassen der

Schafe zu füttern sind. Merket daher auf, ich werde versuchen, Euch dies deutlich auseinander zu setzen.

Das wichtigste Futter bei Haltung einer Schäferei ist das Stroh, weil kein Thier aus demselben so viel Nahrungstheile ziehen kann, als das Schaf; allein es kommt sehr viel darauf an, wie Ihr dasselbe verfüttert, d. h. in welcher Verbindung mit anderen Futtermitteln und zu welcher Jahreszeit. So wenig vortheilhaft für eine zweckmäßige Verwerthung eine zu starke Verabreichung von Wurzelgewächsen, Schlempe oder den Abgängen einer Stärkefabrik ohne genügendes Strohfutter ist, eben so nachtheilig für die wirthschaftliche Benutzung des Strohs ist es auch, wenn Ihr Euer Vieh durch Hunger zwingt, sich allein vom Stroh zu sättigen.

Das Stroh enthält im Verhältniß zu seinem großen Umfange und Gewicht nur wenig Nahrungstheile, so daß die Verdauungswerkzeuge der Schafe nicht vermögen, aus einer so großen Masse während der gewöhnlichen Zeit der Verdauung viel mehr herauszuziehen, als zur Erhaltung des Lebens erforderlich ist. Es scheint auch, als würden die zur Ernährung des thierischen Körpers so wichtigen Organe übermäßig angestrengt, wenn sie immerfort mit der großen kraftlosen Masse beschäftigt werden, und als verlören sie dadurch die Fähigkeit, alle in dem Stroh befindlichen Nahrungstheile aufzuschließen und herauszuziehen. Wenigstens könnt Ihr so viel als gewiß annehmen, daß alle Thiere, die ein richtiges Maaß von stark nährendem Kraftfutter, also Heu, Körner, Wurzelgewächse 2c. neben dem Stroh erhalten, dieses viel lebhafter und rascher verzehren, als andere, die fast allein auf Strohnahrung angewiesen sind. Eben so hat das Stroh vor Weihnachten einen höheren Futterwerth, als nach Weihnachten; denn je länger es entweder auf Ställen oder in Scheunen liegt, und den Einwirkungen der Luft ausgesetzt ist, je mehr trocknet es aus und verliert also an Futterwerth. Deshalb müßt

Ihr im Verhältniß vor Weihnachten mehr Stroh füttern, und das Kraftfutter an Heu 2c. erst nach Weihnachten stärker verbrauchen, wenn Ihr Euer Stroh am höchsten verwerthen wollt.

Es wird wol jetzt noch wenige Schäfereien geben, die im Winter allein mit Heu und Stroh ernährt werden, wie dies früher allgemein geschah. Dies kommt daher, weil früher nur so viel Schafe gehalten wurden, als mit dem gewonnenen Stroh und Heu durchwintert werden konnten. Seitdem nun aber die Schäfereien veredelt, und die Preise der Wolle gestiegen sind, hat auch jeder dahin gestrebt, so viel Schafe als möglich zu halten, um eine recht große Einnahme aus der Schäferei zu beziehen. Da reichen nun aber die vorhandenen Futtermittel an Heu und Stroh nicht mehr aus, sondern es muß den Schafen auch noch anderes Kraftfutter neben demselben gegeben werden, welches denn gewöhnlich in Kartoffeln oder in den Rückständen, welche aus der Fabrikation derselben verbleiben, oder in Körnern besteht.

Nun kommt es aber, um eine gleichmäßige Fütterung zu beobachten, und den größten Nutzen aus den Futtermitteln zu ziehen, sehr darauf an, den Futterwerth, den sie zu einander haben, zu kennen. Deshalb ist von verschiedenen Landwirthen durch besondere deshalb angestellte Versuche der Futterwerth der bekanntesten Futtermittel geprüft, und nach den erhaltenen Resultaten festgestellt worden.

Wenn nun bei Fütterung der Schafe die Erfolge derselben nicht stets diesen Annahmen gemäß sind, und es sich häufig zeigt, daß einzelne Futtermittel bald besser, bald schlechter nähren, als nach den Resultaten der angestellten Versuche zu erwarten war, so müsset Ihr Euch mit einem annähernden Zutreffen begnügen, und Ihr werdet Euch deshalb beruhigen, wenn Ihr Folgendes beherziget:

Alle Boden-Erzeugnisse, die edelsten wie die geringsten, haben an und für sich einen wechselnden inneren Gehalt. Es ist Euch bekannt, daß der Roggen in einem Jahre schwerer oder leichter ist, als in einem anderen, daß er bald eine feinere, bald eine gröbere Hülse hat, bald ein feines weißes Mehl und Brod, bald ein gröberes und dunkleres giebt. Wenn dies nun schon bei einer Kornart der Fall ist, die dem Anscheine nach sich immer gleich zu bleiben scheint, wie viel größer müssen die Unterschiede des innern Futterwerths des eigentlichen Viehfutters, des Heus und Strohs sein, welches auf der einen Bodenart fein und zart, auf der andern grob erwächst; welches, in jüngerem Zustande abgemäht, ganz genießbar und verdaulich ist, im ältern aber gröbere und härtere Fasern enthält, die es unverdaulich machen; welches durch günstiges Wetter beim Dürremachen, durch große darauf verwendete Sorgfalt alle nährenden Theile behält, dagegen durch die Ungunst der Witterung und mangelhaftes Verfahren bei der Erndte die nahrhaftesten Bestandtheile verliert? — Ja selbst die Jahres-Witterung ändert den inneren Futterwerth in so fern ab, als in einem gleichen Gewichte des bei nasser Witterung gewachsenen Futters viel mehr wässrige und weniger nährende Theile enthalten sind, als in einem gleichen Gewichte des bei trockener Witterung gewachsenen Futters.

Außer dieser Veränderlichkeit des innern Werths der Futtermittel erscheint auch ihre Wirkung anders, je nach dem Verhältniß, in dem sie mit anderen Futtermitteln verfüttert werden.

Wie das Stroh anders wirkt, wenn es in einem passenden Verhältniß zum Kraftfutter verzehrt wird, und wieder anders, wenn die Thiere lediglich auf die Strohnahrung angewiesen sind; wie die Schafe im ersten Falle aus dem Stroh viel Nahrungstheile ziehen, wie aber im letzteren Falle die Freßlust der Thiere verringert wird, habe ich Euch bereits bei Hinweisung auf die Wichtigkeit des Strohs als Schaffutter gesagt. Aber auch andere Futtermittel, als Heu, Kartoffeln, Rapsschoten und Schlempe, werden vortheilhafter in einer gleichmäßigen Abwechselung verfüttert, so daß saftiges und trockenes, Kraftfutter und Stroh sich abwechseln. Diese Abwechselung des trockenen und saftigen Fütters reizt den Appetit der Thiere, so wie sie die Thätigkeit der Verdauungs-Werkzeuge anzuregen scheint; und erhöht dadurch den Futterwerth der Futtermittel. Wo diese Abwechselung bei der Fütterung stattfindet, wird alles Futter rein aufgezehrt, wenn Ihr das bestimmte Maaß in den verabreichten Gaben beobachtet, wo Ihr aber dasselbe bei dem einen oder dem andern Futter überschreitet, da wird den Thieren bald das eine oder das andere Futter überdrüssig, sie lassen es zum Theil unverzehrt liegen, und der Futterwerth der verabreichten Futtermittel wird dadurch natürlich verringert.

Wenn Ihr nun das, was ich Euch bisher über den Futterwerth der verschiedenen Futtermittel gesagt habe, und wie derselbe oft durch äußere Veranlassungen verändert wird, bei Abschätzung der Euch übergebenen Futtermittel berücksichtigt, so werden nachstehende Angaben in großen Durchschnitten immer ziemlich genau zutreffen.

Einhundert Pfund Roggenkörner haben denselben Futterwerth wie:

300	Pfd.	guten Wiesen- oder Kleeheus,
400	„	mittleren langen Wiesenheues,
1050	„	grüner Luzerne,
550	„	des besten Erbsstrohs,
600	„	Hafer- oder Gerstenstroh,
700	„	Weizenstroh,
800	„	Roggenstroh,
150	„	Oelkuchen,
600	„	Kartoffeln und

die Schlempe von 1200. Pfd. Kartoffeln.

Wenn Ihr nun annehmet, daß $2\frac{1}{2}$ bis 3 Pfd. Heu täglich ein sehr reichliches Futter für ein Schaf gewähren, so werdet Ihr nach obiger Tabelle, und nach dem, was ich Euch vorher gesagt habe, Euch sehr leicht eine Berechnung darüber anlegen können, wie Ihr die Euch zu Gebote stehenden Futtermittel zu vertheilen habt, um Euren Schafen den Futterwerth von 2½ bis 3 Pfd. Heuwerth pro Kopf zu geben. Bei der Fütterung müßt Ihr jedoch auch stets bedenken, daß es nie gut ist, von einem Futtermittel mit einem Male sehr große Portionen zu geben; es ist viel besser ihnen dieselbe getheilt vorzulegen. Namentlich ist es nicht gut, zu viel Kartoffeln in einer Gabe zu verfüttern. Zwei Scheffel Kartoffeln für 100 Schafe sind schon eine so starke Portion, daß ihnen dieselbe getrennt verabreicht werden muß, und zwar einmal des Vormittags und einmal des Nachmittags. Noch gefährlicher ist es aber, zu viel Branntweinschlempe zu einer Fütterung zu verabreichen, und 3 Qrt. für jedes Schaf ist ein Maaß, welches überhaupt nicht ohne Gefahr überschritten und dann nur in zwei Fütterungen, Vor- und Nachmittags, verabreicht werden darf. Bei der Kartoffelfütterung sowol, wie bei der Schlempefütterung, ist es aber durchaus nöthig, den Schafen viel Stroh zu geben; sie verlangen sehr danach, und es ist ihnen zur Erhaltung ihrer Gesundheit nothwendig. Als ich vor einiger Zeit mehrere Posten Hammel versuchsweise mit verschiedenen Futtermitteln fütterte, verzehrten diejenigen, welche blos Kartoffeln und Stroh erhielten, beinahe das doppelte Gewicht an Stroh, wie diejenigen, welche blos mit Heu und Stroh gefüttert wurden, und die Hammel, welche mit Schlempe und Stroh ernährt wurden, verzehrten das Dreifache an Stroh von dem, was diejenigen erhielten, die nur mit Heu und Stroh gefüttert wurden.

Wenn Ihr nun z. B. 300 Schafe hättet, die so viel Futter erhalten sollten, daß jedes 2½ Pfd. Heuwerth verzehrte, und dieses Futter sollte in Kartoffeln, Heu und Roggenstroh bestehen: so müßtet Ihr ihnen nach der vorstehenden Tabelle 300 Pfd. Heu, 600 Pfd. Kartoffeln und 400 Pfd. Roggenstroh geben, und zwar in 4 bis 5 Futtern, je nach der Länge oder Kürze der Tage; so daß Kartoffeln und Stroh in zwei Futter getrennt würden, und das trockene Futter mit dem Kartoffelfutter abwechselte. Ich werde Euch nun für unsere nächste Zusammenkunft nach obigem Beispiele zur eigenen Berechnung Aufgaben stellen, und damit so lange fortfahren, bis Ihr den Futterwerth der verschiedenen Futter-Mittel genau kennen gelernt habt.

Es ist jedoch nicht allein nöthig, daß Ihr Eure Aufmerksamkeit darauf richtet, wie viel Futter Ihr den Schafen gebet, und von welcher Beschaffenheit dasselbe ist, sondern Ihr müßt auch bei der Fütterung die größte Regelmäßigkeit beobachten. Ihr müßt genau darauf sehen, daß die Thiere zu bestimmten Stunden das bestimmte Futter erhalten, und daß die Futterportionen den einen Tag so groß wie den andern ausfallen. Wenn die Thiere über die Futterzeit hinaus warten müssen, bevor sie etwas erhalten, so bringen sie diese Zeit in einer gewissen Unruhe hin. Bekommen sie nun eine größere Futterportion, so überladen sie sich den Magen und verlieren die Freßlust. Gebet Ihr ihnen aber auch dann nicht mehr, als gewöhnlich, so ist die Verdauung des Genossenen noch nicht vollendet, wenn die nächste Futterzeit kommt; denn jedes Thier, namentlich die wiederkäuenden, muß Zeit haben, das genossene Futter zu verarbeiten und zu verdauen. Sie verzehren also das ihnen verabreichte Futter dann nicht mit der gehörigen Freßlust, es bleibt leicht etwas übrig, und kommt in den Dünger; und da bei solchem Beginnen die Thiere auch der nöthigen Ruhe entbehren, so könnt Ihr mit Sicherheit darauf rechnen, daß sich Eure Schafe, trotz alles guten Futters, doch nicht in einem wohlgenährten Zustande befinden werden, wenn Ihr nicht die größte Regelmäßigkeit bei der Fütterung beobachtet.

Wie aber die Regelmäßigkeit, so ist auch die Reinlichkeit bei Fütterung der Schafe von der größten Wichtigkeit. Selbst das anscheinend unreinlichste Thier, das Schwein, gedeihet nicht, wenn es das Futter in unreinlichen Trögen erhält, oder ein nasses unreinliches Lager hat, also wie viel weniger das Schaf! — Vorzüglich könnt Ihr die Reinlichkeit bei Verabreichung saftiger Nahrungsmittel nicht leicht zu weit treiben. Wenn die Futterkrippen stets Rückstände von Schlempe enthalten, so setzt sich Säure in ihnen fest, und die Thiere genießen nur soviel von dem verabreichten Futter, als sie zur Stillung ihres Hungers bedürfen; aber auch dies fressen sie nicht mit Wohlbehagen, wodurch allein ein ordentliches Gedeihen erfolgen kann. Eben so ist es auch mit dem Kartoffelfutter. Wenn Ihr den Schafen die Kartoffeln mit der daran sitzenden Erde vorlegt, die Krippen von den übrig gebliebenen Futterresten nicht reinigt, oder gar diesen alten Resten neues Futter zusetzet, so werdet Ihr trotz alles guten Futters niemals ein ordentliches Gedeihen der Thiere wahrnehmen.

Um nun aber auch das, was ich Euch über gleichmäßige Fütterung der Euch übergebenen Thiere und die sparsame und haushälterische Verwendung der Futtermittel gesagt habe, ausführen zu können, müßt Ihr sehr aufmerksam bei Aufbewahrung der Euch überwiesenen Futtermittel sein, und häufig nachsehen, ob dieselben auch nicht dem Verderben unterliegen. Namentlich ist dies leicht mit den Kartoffeln und dem Kleeheu der Fall. Die in den Kellern befindlichen Kartoffeln, welche für Eure Heerde bestimmt sind, müßt Ihr daher oft untersuchen, ob sich nicht faule oder sonst verdorbene darunter befinden, und Eurem Brodherrn sogleich Anzeige davon machen, daß dieselben sogleich umgeschüttet und die verdorbenen davon entfernt werden. Eben so vorsichtig müßt Ihr bei dem Kleeheu sein, sowol beim Heuen desselben, als vielmehr auch dann noch, wenn Ihr es schon auf dem Stalle habt. Denn das Kleeheu wird, wie Ihr solches wißt, in kleinen Haufen auf dem Felde getrocknet, weil durch vieles Rühren der beste Theil desselben, die Blätter verloren gehen würden. Da trifft es sich nun häufig, namentlich wenn die Witterung nicht paßt, daß es nur anscheinend trocken ist, wenn es auf den Stall gefahren wird, und sich auf demselben wieder entläßt, und dann schimmelt, also verdirbt. Ihr habt deshalb dahin zu sehen, daß dasselbe nicht gleich fest auf dem Stalle verpackt, sondern nur los hingeworfen wird, damit Ihr es häufig nachsehen, und wenn es ganz trocken ist, dann erst fest verpacken könnt. Hierbei müßt Ihr aber auch darauf aufmerksam sein, daß Ihr, wenn die Schafställe statt mit Stroh- oder Rohrmit Ziegeldächern versehen sind, dasselbe nicht dicht an die Steine verpackt, weil es auch dort verderben würde; sondern Ihr müßt noch so viel Raum zwischen dem Heu und dem Ziegeldache lassen, daß Ihr das durchgefressene Stroh, welches Ihr Euch für die Schurzeit zurücklegt, dazwischen packen könnt. Ich verlange aber deshalb, daß Ihr für gute Aufbewahrung der Euch überwiesenen Futtermittel sorgt, weil

1) verdorbene Futtermittel sehr an Futterwerth verlieren, Ihr also dadurch verhindert werdet, Eure Schafe gleichmäßig zu ernähren, und
2) verdorbene Futtermittel höchst nachtheilig auf die Gesundheit der Schafe wirken, da kein Thier empfindlicher in dieser Beziehung ist, als das Schaf; und keine Futterzulage, keine Pflege im Stande ist, die Nachtheile wieder auszugleichen, welche verdorbene Futtermittel in Eurer Heerde hervorgerufen haben.

Wie aber die Reinlichkeit bei den Futtermitteln und den Futtergeräthen, eben so ist dieselbe auch nothwendig im Stalle und vor demselben. Ihr müßt daher immer dafür sorgen, daß Eure Schafe ein reines und trockenes Lager haben; es ist dies nicht allein der Wolle wegen, sondern auch für die Erhaltung der Gesundheit derselben nöthig. Auch vor dem Stalle, wenn Ihr genöthigt seid, die Schafe beim Füttern hinauszulassen, muß es stets reinlich und trocken sein, Ihr werdet Eure Schafe dadurch vor der Klauenseuche und manchen anderen Uebelständen bewahren.

Ein sehr wichtiges Erforderniß, welches leider noch häufig vernachlässigt wird, ist es ferner, daß Ihr dafür Sorge tragt, durch Oeffnen und Verschließen der Thüren im Stalle eine gemäßigte Temperatur zu erhalten. Ein niedriger dunstiger Stall ist höchst schädlich, ein kalter aber nicht minder. Wenn die Thiere dem Luftzuge ausgesetzt sind, oder der Kälte, so leiden sie; für die Wolle aber ist es wieder höchst nachtheilig, wenn der Stall zu warm ist, denn die alsdann in demselben aufsteigenden Dünste schlagen als Feuchtigkeit auf die Schafe nieder, setzen sich in den oberen Theilen der Wolle fest, und geben derselben nicht nur ein sehr schlechtes Ansehen, sondern verringern auch ihren Werth.

Die Schafe haben in ihrer Wolle eine Körperdecke, die ihnen hinlänglich Schutz gegen jede schädliche Einwirkung nicht zu großer Kälte gewährt, weshalb es denn zur Erhaltung ihres Wohlbefindens keiner Stallwärme bedarf, wol aber einer möglichst reinen frischen Luft. Wenn daher das Wasser nur im Stalle nicht gefriert, so wird die Luft in demselben niemals zu kalt sein.

Auch diejenigen Dünste, welche im Stalle aufsteigen, wenn sich der Mist in demselben zu sehr angehäuft hat, sind der Gesundheit der Schafe sehr nachtheilig, namentlich während der Lammzeit, wo sowol bei den Müttern alle Organe für äußere Eindrücke weit empfänglicher sind, als auch Krankheitsstoffe bei den zarten Lämmern leichter Eingang finden. Deshalb ist in allen regelmäßig geleiteten Wirthschaften die Einrichtung getroffen, daß der Mist jährlich 3 bis 4 Mal aus den Ställen gebracht wird, um diesen Nachtheilen nicht ausgesetzt zu sein.

Wenn ich Euch früher schon gesagt habe, daß es nöthig sei, trotz der saftigen Nahrung den Schafen auch im Sommer täglich frisches Trinkwasser anzubieten, so werdet Ihr Euch wol denken können, daß dies noch vielmehr im Winter nöthig ist, wo das Schaf größtentheils mit trocknem Futter genährt wird. Allein auch im Winter ist das reine Wasser genügend, und die Bereitung eines Schrot- und Oelkuchen-Tranks nicht nothwendig, wenn Ihr ihnen sonst nur das gehörige Kraftfutter verabreichen könnt. Wollt Ihr jedoch den säugenden Mutterschafen solche Tränke bereiten, so ist es gewiß, daß sie durch dergleichen schleimige nahrhafte Getränke zu mehrerem Saufen gereizt werden, wodurch denn eine stärkere Absonderung der Milch bewirkt wird, als durch trockenes Kraftfutter und reines Wasser erreicht werden könnte. Sowol bei Bereitung des Oelkuchen-Tranks, als desjenigen aus Getreide-Schrot, müßt Ihr jedoch die größte Reinlichkeit bei den Gefäßen beobachten, damit dieselben nicht versäuern, und den Schafen diese Tränke ungenießbar oder ihrer Gesundheit schädlich werden.

Wenn Ihr nun aber den Schafen im Winter auch nichts weiter als das reine Wasser gebet, so ist es doch sehr gut, wenn bei hartem Frost oder schmutzigem nassem Wetter das Tränken derselben im Stalle geschehen kann, und zwar so, daß das Wasser immer vorräthig in demselben gehalten wird, damit es die eisige Kälte verliert. Aus frei liegenden Tränken trinkt das Vieh, wenn große Kälte herrscht, zu wenig, und kann daher auch das trockene Futter nicht gehörig verdauen. Wenn es aber bei nassem schmutzigem Wetter täglich durch tiefen Koth zur Tränke getrieben wird, so setzt sich derselbe zwischen den Klauen fest, wird auf dem heißen Stallmist hart, und erzeugt durch Reiben und Drücken Entzündung, woraus denn zuletzt die Klauenseuche entsteht.

Also auch das reine Wasser muß im Stalle getränkt, aber auch hiebei von Euch die größte Reinlichkeit beobachtet werden, weil sich sonst in den Trögen und Gefäßen nach und nach Schlamm ansetzt, welcher der Gesundheit der Schafe höchst nachtheilig ist.

Was das Salzfüttern betrifft, so ist dasselbe den Schafen auf trocknen Höheweiden höchst nothwendig; aber auch im Winter bei der Stallfütterung ist es ihnen sehr zuträglich, indem es die Freßlust erhöht und die Verdauungswerkzeuge stärkt. Man giebt ihnen entweder das gewöhnliche Viehsalz, in welchem Falle einhundert Schafe 2 bis 3 Pfd. bedürfen, oder man hängt ihnen auch Steinsalz in den Ställen hin, damit sie ihre Begierde danach zu jeder Zeit stillen können. Sehr gut und ihrer Gesundheit sehr zuträglich ist es auch, und namentlich den Jährlingen, wenn sie im Herbst viel husten, wenn Ihr ihnen von Getreideschrot, frischem Theer, zerstoßenen Wachholderbeeren, Wermuth und Salz eine Lecke bereitet, und diese im Stalle so anbringt, daß sie zu jeder Zeit dazu kommen können.

Schließlich muß ich Euch noch darauf aufmerksam machen, daß Ihr die Jährlinge besser füttern müßt, als die älteren schon ausgewachsenen Thiere, denn dieselben sollen ja noch wachsen und sich ausbilden, bedürfen also eines kräftigeren Futters, um nicht körperlich zurückzubleiben und Schwächlinge zu werden. Auch die tragenden und säugenden Mutterschafe bedürfen einer nahrhafteren Fütterung als die güsten Schafe und Hammel. Eben so müssen die jungen Böcke besser genährt werden, als die jungen Mütter, wenn sie sich mit denselben in gleichem Futterzustande befinden sollen. Ganz vorzügliche Sorgfalt müßt ihr aber auf die Fütterung der Lämmer verwenden, wenn sie von den Müttern entwöhnt sind. Sie müssen das kräftigste Futter haben, was Euch nur zu Gebote steht, namentlich Körner, damit sie gut genährt sind und schlank bleiben; denn sollen sie große Massen kraftlosen Futters verzehren, um die ihnen nöthigen Nahrungstheile zu erhalten, so bekommen sie dicke Bäuche, schwächen die Verdauungswerkzeuge und werden dadurch im Wachsthum und in ihrer Ausbildung zurückgehalten.

Ich habe nun noch zu Euch über die Lammung und über die Behandlung der tragenden Schafe und säugenden Lämmer zu sprechen.

Wir haben in unseren Schäfereien jetzt zwei Lammzeiten, die Sommer- oder Herbst-Lammung und die Winter- oder Frühjahrs-Lammung. Es wird noch viel darüber gestritten, welches die bessere sei, obgleich doch eigentlich Niemand im Stande ist, im Allgemeinen den Ausspruch für die eine oder die andere zu thun, da hierbei Alles von der Oertlichkeit abhängt. Wer entfernte Triften und magere Weiden hat, der bleibe bei der Winter-Lammung, damit seine Lämmer schon etwas kräftig sind, wenn sie im Sommer und Herbst die mageren Weiden überlaufen müssen; wer jedoch kräftige Weiden, und diese in der Nähe des Schafstalls hat, der gehe zur Sommer-Lammung über, er wird mit geringeren Kosten schönere Lämmer aufziehen. Denn es ist erwiesen, daß die im Juli und August geborenen Lämmer nicht mehr kosten, als die im Winter geborenen, und daß man von den Mutterschafen, von welchen man Sommerlämmer gezogen hat, außerdem pro Hundert 1 bis 1½ Stein Wolle mehr erhält, als von denen, welche im Winter die Lämmer gebracht haben. Daß aber eine gesunde kräftige Kleeweide eine bessere und nahrhaftere Milch für die Lämmer giebt, als das beste Stallfutter, welches man den Mutterschafen im Winter verabreichen kann, und daß also die Lämmer dann auch besser werden müssen, wird Euch wol einleuchtend sein. Auch geht das Lammen der Schafe im Sommer leichter von statten, weil schon die fortwährende Bewegung, in welcher sich die Schafe auf der Weide befinden, dasselbe begünstigen, und findet sich bei kräftiger Weide wol selten ein Schaf, welches sein Lamm nicht annehmen will. Am höchsten nutzt jedenfalls derjenige seine edlen Thiere aus, welcher beide Lammzeiten hält, und die im Juli güste bleibenden Schafe gleich wieder zum Bock läßt.

Was nun die Behandlung der tragenden Schafe betrifft, so habt Ihr mit aller Aufmerksamkeit dafür zu sorgen, daß denselben nichts Uebles begegnet, denn soll ein solches Thier ein gesundes Lamm zur Welt bringen, und dasselbe auch gehörig säugen und nähren, so muß, wie sich von selbst versteht, auch das Mutterschaf gesund sein und bleiben. Ihr müßt hauptsächlich verhüten, daß dergleichen Thiere sich nicht selbst unter einander drängen und drücken, daß sie beim Aus- und Eintreiben in den Stall nicht gegen die Wände und Thürpfosten gedrängt werden, wenn sie, wie Ihr wißt, dem erwarteten Futter, zumal wenn es etwas Gutes ist, sehr eifrig zueilen; auch dürfen sie nicht auf der Weide, oder beim Hin- und Zurückgehen von dem Hunde gebissen, gejagt oder über den Haufen gerannt werden. Ihr selbst aber müßt auch auf Euch Acht haben, daß Ihr einem solchen Thiere nicht etwa durch Schlagen, Stoßen, durch unbedachtsames Packen an einem Beine und dergl. Schaden zufügt, denn ein solches Verfahren kann Ursach sein, daß ein tragendes Schaf verlammt, oder auch wol an eigner Gesundheit Schaden leidet, und unvermögend wird, ferner Lämmer zur Welt zu bringen, so daß also Schaf und Lamm Eurem Brodherrn verloren sind.

Wenn Ihr Eure Schafe das ganze Jahr hindurch immer gleichmäßig ernährt, und sie in einem guten Futterzustande erhalten habt, so werden sie Kraft genug haben, ein Lamm zu gebären und dasselbe auch gut zu ernähren, und habt Ihr nicht nöthig denselben vor und während der Lammzeit ein besseres Futter zu verabreichen, welches Verfahren überdem der Gesundheit des Lamms nicht zuträglich ist, da diese Futterveränderung auch eine Veränderung der Muttermilch bewirkt, die dann leicht Veranlassung zu der Euch bekannten Krankheit, der Lämmerlähme, wird.

Befinden sich aber Eure Schafe vor der Lammzeit in einem schlechten Futterzustande, so ist freilich anzunehmen, daß sie nicht die Kraft besitzen werden, ihr Lamm gehörig zu ernähren, und bedürfen sie dann jedenfalls eines besseren und kräftigeren Futters. Um nun aber den bösen Folgen einer solchen Futterveränderung möglichst zu entgehen, müßt Ihr dieselbe nicht mit einem Male eintreten lassen, sondern schon mehrere Wochen vor dem Beginn der Lammzeit in der Art mit derselben anfangen, daß Ihr die Futterzulagen anfänglich ganz geringe macht, und nach und nach bis zu der Stärke vorschreitet, die sie während der Lammzeit haben sollen. Dadurch werdet Ihr es erreichen, daß die Natur des Schafs und des Lamms sich allmählig an dieses kräftigere Futter gewöhnt, und die durch dasselbe veränderte Beschaffenheit der Muttermilch nicht so nachtheilig auf das Lamm einwirkt.

Ganz besondere Aufmerksamkeit und viel Wartung und Pflege erfordern nun aber die jungen Lämmer, und habt Ihr dabei Mancherlei zu beobachten.

Das erste, worauf Ihr nach erfolgter Geburt des Lammes zu sehen habt, ist, daß die Mutter das Lamm gehörig belecke, d. h. daß sie dasselbe durch Belecken von der Feuchtigkeit reinige, welche das Lamm mit auf die Welt bringt. Recht gesunde und kräftige Mütter thun dies gewöhnlich von selbst und sehr willig, schwächliche und schlecht genährte Mütter aber, so wie auch oft junge Schafe, die zum ersten Male lammen, müssen auf mancherlei Weise zu diesem Belecken gebracht werden, wozu man sich denn auch des Bestreuens der Lämmer mit Salz bedient. Dieses Verfahren verursacht jedoch den jungen Thieren, wegen ihrer zarten Haut, große Schmerzen. Da nun jedes körperliche Leiden das erste Gedeihen solcher jungen Geschöpfe mehr oder weniger hindert, so müßt Ihr das Salzaufstreuen nur im äußersten Nothfall thun, für gewöhnlich aber es unterlassen. Im Fall aber eine Mutter auf keine

Weise zum Belecken ihres Lammes gebracht werden kann, müßt Ihr dasselbe mit lauwarmem Wasser abwaschen; denn wenn diese Feuchtigkeit nicht hinweggeschafft wird, so trocknet sie auf der Haut zu einer festen Kruste und verursacht dann ebenfalls dem Lamme Schmerzen.

Viele Schäfer haben den Glauben, die erste Milch der Mutter sei dem Lamme schädlich, und man müsse sie deshalb der Mutter abmelken. Dies ist jedoch ein ganz falscher Glaube, denn diese erste Muttermilch hat eine Schärfe in sich, welche dazu dient, die Gedärme des jungen Thieres recht bald von dem zähen Unrathe zu reinigen, welcher sich in denselben im Mutterleibe angesammelt hat. Läßt man nun dem Lamme diese Milch nicht zukommen, so geht dieser Unrath sehr langsam ab, und dies ist dem Gedeihen des Lammes hinderlich.

Das Lamm sobald als möglich zum Saugen zu bringen, ist zu seinem Gedeihen und Wohlbefinden durchaus nothwendig, und ist es Euch genugsam bekannt, auf welche Weise dies geschieht. Zuvor aber müßt Ihr das Euter der Mutter untersuchen, und danach sehen, ob die Zitzen leicht zu fassen sind; ist dies nicht der Fall, so können sie leicht durch mäßiges Ziehen und Drücken, da, wo sie an dem Euter hängen, hervorgebracht werden. Auch müßt Ihr, wenn das Euter etwa mit Wolle bewachsen sein sollte, dieselbe sorgfältig hinwegschaffen, weil sonst das Lamm beim Saugen leicht etwas davon verschluckt, was natürlich seiner Gesundheit nachtheilig sein würde.

Ferner ist es nöthig, daß Ihr die neugebornen Lämmer mit ihren Müttern von dem übrigen Vieh hinwegbringt, weil sonst den zarten Thieren mancherlei Uebel zugefügt werden können; jedoch muß der Ort ihres Aufenthalts möglichst hell sein, und reine Luft, jedoch keine Zugluft, haben. Daß dieselben einer sehr guten Streu bedürfen, um immer warm zu liegen, versteht sich von selbst.

Ein aufmerksames Auge müßt Ihr auf diejenigen Mütter richten, bei deren Lämmern die Feuchtigkeit, mit welcher sie geboren werden, eine blutige Farbe hat; denn diese Farbe giebt den Beweis, daß die Mutter eines solchen Lammes schwächlicher Natur ist. Ihr müßt daher solchen Müttern kräftige aber leicht zu verdauende Nahrungsmittel geben, so wie auch aus Oelkuchen oder Getreideschrot bereitete Getränke. Durch diese Mittel stärkt Ihr die schwächlichen Mütter, welche ihren Lämmern nicht hinlängliche Milch zu geben vermögen, und fördert dadurch auch das Wachsthum und Gedeihen solcher Lämmer.

Ein Mutterschaf, welches Zwillinge zur Welt gebracht hat, ist in der Regel nicht im Stande, sie beide hinlänglich zu ernähren; Ihr müßt deshalb dafür sorgen, daß dem einen der Lämmer eine sogenannte Amme gegeben wird, d. h. daß es zu einem säugenden Mutterschaf gebracht wird, welches sein Lamm durch den Tod verloren hat. Ihr müßt aber immer das stärkste Lamm zur Amme bringen, das schwächste hingegen bei seiner Mutter lassen, da die Milch derselben dem jungen Thiere am gedeihlichsten ist, und dasselbe anfänglich noch mehr zurückkommen würde, ehe es sich an die Milch der fremden Mutter gewöhnt hat. Sollte die fremde Mutter das fremde Lamm nicht annehmen wollen, so ist dies schon vielfältig dadurch bewirkt worden, daß dem Lamme anfänglich beim Säugen die frisch abgezogene Haut des Lamms der fremden Mutter übergehängt wurde; wodurch sie sich denn nach und nach an dasselbe gewöhnte. Wenn nun aber keine Amme vorhanden ist, so müßt Ihr Euch bemühen, sowol der Mutter als auch den beiden Lämmern durch nahrhafte Fütterung zu Hülfe zu kommen.

Wenn Ihr bemerkt, daß eine Mutter ihr Lamm, welches sie vorher recht willig säugte, abstößt, so ist dies ein Zeichen, daß ihr das Euter aus irgend einer Ursach schmerzhaft geworden ist. Ihr müßt deshalb sogleich eine Untersuchung anstellen und Euch unverzüglich bemühen, das Uebel aufzufinden und dasselbe zu heilen, widrigenfalls Ihr zu befürchten habt, daß der Mutter die Milch gänzlich vergeht, oder daß Milchversetzungen im Euter entstehen, die oft sehr üble Folgen haben, zunächst aber ein Zurückkommen des Lammes bewirken.

Kleine Risse, welche da, wo die Zitzen aus dem Euter hervorkommen, in der Haut entstehen, und dem Thiere beim Saugen des Lammes heftige Schmerzen machen, sind gewöhnlich die Ursache des heftigen Abstoßens. Solche Risse heilen jedoch sehr bald und vollkommen, wenn sie nur täglich mehrere Male mit gutem Branntwein recht stark benäßt werden. Auch wenn an dem Euter eine Geschwulst entstanden sein sollte, thut der Branntwein die besten Dienste, jedoch ist hiebei das bloße Benässen damit nicht genügend, sondern er muß täglich mehrmals mit einem davon befeuchteten Läppchen auf der Geschwulst wirklich eingerieben werden, welches aber auch behutsam ohne starkes Drücken geschehen muß. Hat aber die Geschwulst sehr überhand genommen und ist Verhärtung eingetreten, so muß das Euter mit frischem Theer eingerieben und das Lamm zu einer Amme gebracht werden. Sollte die Geschwulst aber in Eiterung übergegangen sein, so müßt Ihr dieselbe mit einem spitzen Messer öffnen und die Wunde fleißig mit lauwarmem Wasser auswaschen.

Viele Schäfer sind der Meinung, man dürfe die säugenden Lämmer nicht immer bei den Müttern lassen, weil letztere sonst von ihnen zu sehr beunruhigt, am Fressen gehindert und dadurch kraftlos würden. Allein dies ist nur ein Vorurtheil, dem Ihr nicht anhängen dürft. Versehet nur die Mütter hinreichend mit nahrhaftem Futter, so könnt Ihr auch die Lämmer unbedenklich immer bei ihnen lassen. Eine Trennung hat den Nachtheil, daß sowol die Mutter als das Lamm eine beständige Sehnsucht nach einander haben, was für beide eine

Unruhe hervorbringt, die dem Verdauungsproceß, also dem Gedeihen, hinderlich ist. Wenn die Lämmer jedoch erst anfangen zu fressen, so müssen sie nach und nach an die Trennung von den Müttern gewöhnt werden, wo ihnen denn feines Wiesenheu oder gutes Kleeheu und Hafer, später auch Gerste und Erbsen vorgelegt werden. Wo Ihr Sommerlammung in einer Schäferei eingeführt findet, da ist es gut, wenn Ihr Schaf und Lamm einige Tage zusammen auf dem Stalle behaltet, und mit Grünfutter füttert, damit die neugebornen Lämmer erst etwas kräftiger werden; dann können sie unbedenklich die Mütter auf die Weide begleiten, wenn nicht eine naßkalte Witterung herrscht oder es sehr staubig ist, denn beides ist ihnen verderblich. Dabei müßt Ihr aber dafür sorgen, daß die älteren Lämmer auf die entferntere und die jüngsten Thiere mit ihren Müttern nur auf die dem Stalle am nächsten gelegene Weide getrieben werden. Auch die Sommerlämmer müssen, wenn sie anfangen zu fressen, was bei ihnen sehr bald geschieht, nach und nach an die Trennung von den Müttern gewöhnt werden, weil ihnen eine kräftigere Nahrung schon bei der Muttermilch verabreicht werden muß, als sie auf der Weide finden; und könnt Ihr hiezu gutes Heu und Körner wählen.

Eine sehr wohlthätige Fütterung für diese jungen Thiere ist das getrocknete Baumlaub, und müßt Ihr stets suchen, Euch dergleichen zu verschaffen. Das Laub der Rüstern, Weißbuchen, Linden, Pappeln und Platanen wird von ihnen am liebsten gefressen, auch Birken- und Eichenlaub verschmähen sie nicht. Die Gewinnung desselben kann vom Juli bis Ende September oder vielmehr bis dahin geschehen, daß die Blätter anfangen gelb zu werden, und geschieht dieselbe in folgender Art: Es werden die jungen Zweige abgeschnitten und in kleine Bündel gebunden, die höchstens einen Fuß Durchmesser haben. Diese werden dann einige Tage an einen luftigen, jedoch wo möglich schattigen Ort, bei beständiger Witterung allenfalls auch unter dem entlaubten Baum aufgestellt, und können in der Regel schon den vierten oder fünften Tag zur Aufbewahrung fortgepackt werden. Am besten werden sie auf einem luftigen Boden oder im Freien in einer großen Miethe aufbewahrt, weil Ihr alsdann nicht nöthig habt, sie ganz trocken werden zu lassen, da sie hier noch sehr gut nachtrocknen. Sehr nachtheilig ist es jedoch für dieses Futter, wenn es oft vom Regen naß und wieder trocken wird; es verliert dadurch nicht allein die Farbe, sondern auch viel an Kraft, also Futterwerth. Ihr habt in den Sommermonaten, wo ein starker Thau es oft verhindert, daß Ihr frühzeitig mit Euren Heerden austreiben könnt, sehr viel Zeit, um Euch solches getrocknetes Laub zu bereiten, und diese müßt Ihr daher, wo es irgend angeht, fleißig dazu benutzen. Der dicken Zacken wegen ist diese Laubgewinnung in den ersten Jahren ihrer Einführung freilich etwas mühsam, ist sie jedoch erst im Gange, und geschieht dann alle 3 bis 4 Jahre, so daß die abzuschneidenden Zacken nur dünn sind, so ist sie auch leicht ausführbar.

Noch muß ich Euch darauf aufmerksam machen, daß Ihr Euch beim Einfüttern sehr vorzusehen habt, daß die Schafe keine Futter-Abfälle in die Wolle bekommen. Dies verringert den Werth derselben, indem die Käufer einen geringern Preis für solche mit Futter-Abfällen verunreinigte Wolle zahlen, da ihnen das Reinigen derselben viele Mühe und Kosten verursacht. Die Schafe müssen daher während des Einfütterns den Futterplatz verlassen. In den meisten Fällen werden sie während dieser Zeit auf den Hof gelassen. Dies ist aber nicht gut. Erstens sind sie dadurch einer raschen Abwechselung von großer Wärme und strenger Kälte ausgesetzt, die ihrer Gesundheit höchst nachtheilig ist, dann aber leidet auch die Wolle darunter, wenn sie im Regen und Schnee vor den Stallthüren stehen müssen; zweitens aber, wenn der Hof nicht rein und mit Stroh gestreut, sondern naß und kothig ist, setzt sich der

Schmutz zwischen den Klauen der Schafe fest, trocknet auf dem heißen Miste hart, und die Thiere fangen an zu hinken. Sehet Ihr nun nicht fleißig nach und entfernt diese Ursach des Hinkens, so entsteht durch diese Vernachlässigung Klauenseuche. Ja diese Krankheit kann sogar dadurch entstehen, daß die Schafe von dem heißen Stallmist auf den kalten gefrornen Boden des Hofes kommen, hier einige Zeit stehen müssen und dann wieder auf den heißen Stallmist zurückkehren. Deshalb ist es sehr gut, wenn sich in jedem Stalle so viel leerer Raum befindet, um einen Theil der Schafe während des Einfütterns hineinzutreiben. Es wird dadurch das Drängen in den oft sehr engen Stallthüren vermieden und die Schafe bleiben immer in einer gleichmäßig warmen Luft. Beides ist ihrer Gesundheit sehr heilsam, und oft liegt es nur an Euch, daß Ihr die Gelegenheit zu einer solchen Abtreibebucht nicht benutzt, da dieselbe leicht eingerichtet ist, selbst da, wo kein überflüssiger Raum zur Aufstellung der Schafe vorhanden ist, wie Ihr solches in hiesiger Schäferei sehet.

Aber auch die Futterraufen müssen zweckmäßig eingerichtet sein, damit sie nicht Veranlassung geben, daß Futter-Abfälle in die Wolle kommen, und müßt Ihr immer darauf sehen, daß die zerbrochenen Sprossen in denselben gleich wieder durch neue ersetzt werden, weil sonst die Schafe mit den Köpfen durch dieselben hindurch und in das Futter hineinfahren und sich die Hälse verunreinigen.

Ihr seht nun aus dem bisher Gesagten, daß Ihr auch bei der Winterfütterung sowol hinsichtlich der Haltung der Schafe, als auch der Aufbewahrung der für sie bestimmten Futtervorräthe Vieles zu beobachten habt, und daß Ihr allen Fleiß anwenden und Eure ganze Aufmerksamkeit und alle Eure erlangten Kenntnisse zusammennehmen müßt, wenn Ihr den Vortheil Eures Brodherrn überall wahrnehmen und ihn vor Schaden und Nachtheilen schützen wollt.

III.

Das Halten von Hunden.

Ich habe Euch noch einige Worte über das Halten von Hunden und über den Gebrauch derselben zu sagen.

Wenn die Euch übergebene Heerde nur klein und die Weideplätze sicher sind, so bedürft Ihr zum Hüten gar keiner Hunde. Ihr könnt Eure Heerde recht gut so gewöhnen, daß sie auf ein Pfeifen oder Anrufen von dem Getreide oder den Stellen, wohin sie nicht gehen soll, zurückbleibt; und auf sicheren Weideflächen habt Ihr ja nur darauf Eure Aufmerksamkeit zu richten, daß die Schafe nicht auf bestellte Saatfelder oder in das Getreide gehen und sich das Naschen angewöhnen. Aber es ist auch sehr nöthig, daß Ihr Eure Aufmerksamkeit hierauf richtet, denn habt Ihr Eure Schafe erst das Naschen sich angewöhnen lassen, so werdet Ihr sie mit Worten nicht mehr regieren, und sie werden überall die Ränder des Getreides benaschen. Wenn nun zwar der Schade nicht sehr groß ist, den Ihr Eurem Brodherrn hierdurch verursacht, so sieht es, wie ich Euch solches schon früher gesagt, doch sehr unordentlich und liederlich aus, und Jeder, der es sieht, wird gleich denken: „hier müssen recht faule und unordentliche Schäferknechte sein, die nicht einmal Lust haben, ihr Vieh vom Getreide zurückzuhalten.“ Also immer große Aufmerksamkeit beim Hüten, daß Ihr Eure Heerden nicht verwöhnt, Euch das Hüten nicht erschwert, und Eurem Rufe als brauchbare Schäferknechte nicht schadet. —

Wo Euch nun aber größere Heerden übergeben, und die Weideplätze unsicher sind, so daß Ihr die Schafe von einzelnen umherliegenden Gründen zurückhalten müßt, da bedürft Ihr freilich eines Hundes. Derselbe muß aber sehr gut gewöhnt sein. Er darf, wenn Ihr ihn zum Schutz nach einem

Getreidestück oder zur Abwehr nach einer niedrigen unsicheren Stelle hinschickt, nicht bellend und beißend in die Schafe hineinfahren, sondern muß nach dem ihm bezeichneten Ort ruhig hin- und an demselben auf- und niederlaufen, um so die Schafe zurückzuhalten. Wenn die Schafe nicht Folge leisten wollen, so darf er sie nur mit den Zähnen kneifen, aber nicht beißen. Ein Hund, der den Schafen Wunden beißt, oder sie gar festhält und zur Erde niederreißt, muß sogleich todtgeschlagen oder doch fortgeschafft werden, denn ein solcher ist als Schäferhund nicht zu gebrauchen. Wenn die Schafe nicht an solchen Orten weiden, wo der Hund sie vom Getreide oder von unsicheren Stellen abzuhalten hat, so müßt Ihr ihn bei Euch an der Kette haben, damit er nicht fortwährend zwischen den Schafen umherläuft und sie beim Fressen stört, oder wenn er nichts zu thun hat und Ihr unaufmerksam seid, es sich gar angewöhnt, hinter dem Wilde herzulaufen und dasselbe vom Felde fortzujagen.

Wenn Ihr von der Weide nach dem Stalle zurückkehren, oder mit der Heerde einen anderen Weidefleck beziehen wollt, so dürft Ihr nie hinter der Heerde gehen oder sie wol gar mit dem Hunde weiter hetzen, sondern Ihr müßt mit dem Hunde an Eurer Seite ihr vorangehen, und sie Euch folgen lassen; weshalb Ihr einige Thiere so an Euch zu gewöhnen habt, daß sie Eurem Locken folgen. Es versteht sich von selbst, daß Ihr Euch hiebei fleißig umsehen müßt, ob auch keins der Euch anvertrauten Thiere zurückbleibt, oder auf dem Wege Schaden im Getreide anrichtet.

Wenn die Schafe im Winter auf dem Stalle sind, so bedürft Ihr gar keines Hundes, denn nichts ist nachtheiliger, als wenn die Hunde beim Füttern im Stalle umherlaufen, oder die Schafe gar mit dem Hunde in den Stall hineingehetzt werden, wobei sie leicht so gedrückt und gestoßen werden können, daß, wenn sie auch nicht gerade den Tod davon haben, doch zu dem von ihnen erwarteten Zwecke unbrauchbar gemacht werden. Für den Winter muß daher den Hunden außerhalb des Schafstalles ein trockener und warmer Aufenthaltsort angewiesen werden, wo sie angekettet sind, und den sie nicht ohne Aufsicht verlassen dürfen; denn im Schafstalle dürfen sie nie, auch nicht angekettet liegen. Abgesehen davon, daß sie jedesmal, wenn ein Fremder den Schafstall betritt, bellen und viel Lärm machen, wodurch sie die Schafe beunruhigen, und beim Fressen stören, so können sie sich auch leicht von der Kette losreißen, und indem sie bellend unter die Schafe fahren, diese so erschrecken, daß sich diese furchtsamen Thiere auf einen Haufen so übereinander drängen, daß viele todt gedrückt werden.

Seid also auch stets aufmerksam auf Eure Hunde!

IV.

Ueber die wichtigsten Krankheiten der Schafe und ihre Heilung.

Bevor wir über die Krankheiten der Schafe sprechen, von denen ich Euch die wichtigsten namhaft machen, und die Mittel angeben werde, die wir zu ihrer Heilung anwenden, muß ich Euch noch einige Worte sagen über die Natur der Schafe und über ihre eigenthümliche körperliche Beschaffenheit, weil Euch dies zur besseren Beurtheilung ihrer Krankheiten und deren Entstehungs-Ursachen sehr nützlich sein wird.

Das Schaf gehört in die Klasse der wiederkäuenden Thiere, welche sich von den anderen Säugethieren besonders dadurch unterscheiden, daß sie in ihrem Oberkiefer keine Vorderzähne haben, und daß ihr Magen vier besondere Abtheilungen enthält. Diese vier Abtheilungen sind sowol hinsichtlich ihres Baues als ihrer Verrichtungen von einander sehr verschieden, und haben auch deshalb verschiedene Benennungen, über die wir späterhin sprechen wollen.

Was den Körper des Schafs betrifft, so herrscht in allen weichen Theilen desselben eine gewisse Schlaffheit, weil die Erzeugung der Wolle einen großen Theil der Lebenskraft in Anspruch nimmt; auch hat dieses Thier im Verhältniß zu anderen wenig Nerven und also auch weniger Empfindung für Schmerzen, weshalb es durch keine Gewaltthätigkeit zum Schreien gebracht werden kann. Nur zwei Gefühle veranlassen es, die Stimme zu erheben, der Hunger und, bei den Müttern, die Liebe zu ihren Lämmern.

Der Schlaffheit der weichen Körpertheile ganz entgegengesetzt, ist die Beschaffenheit der Knochen der Schafe, welche, und zwar besonders die Röhrknochen, eine beinahe denen des Federviehs gleichkommende Dichtheit der Masse, und daraus entstehende Festigkeit besitzen. Bei den gesunden Thieren sind dieselben ganz mit Mark angefüllt, welches größtentheils aus dem feinsten Fette besteht.

Auch die Masse des Bluts ist in dem Körper der Schafe geringer, als bei anderen Thieren, weshalb denn auch die Blutgefäße im Verhältniß zur Körpergröße weit enger, und also für einen schnellen Blutumlauf nicht geeignet sind. Dieses beschränkte Blutsystem, verbunden mit der zuvor bemerkten Schlaffheit der weichen Körpertheile, ist denn auch hauptsächlich die Veranlassung zu den mannigfaltigen Krankheiten, welchen die Schafe ausgesetzt sind und von denen mehrere diesen Thieren ganz eigenthümlich angehören.

Zu den Eigenthümlichkeiten des Körpers der Schafe ist ferner noch Folgendes zu rechnen:

1) die Ausdünstung desselben. Diese besteht keinesweges, wie bei anderen Thieren, in einer wässrigen Feuchtigkeit,

sondern dieselbe ist fettiger oder vielmehr öliger Natur, und, besonders bei den Merinos, sowol dem Auge, als auch dem Gefühle und selbst dem Geruche bemerkbar.

2) Daß die Wolle, als die äußere Hautbedeckung desselben, nicht, so wie es mit den Haaren anderer Hausthiere geschieht, alljährlich ausfällt, sondern fortwährend länger wächst, wenn das Ausfallen derselben nicht durch Krankheit oder durch eine besondere Körperschwäche bewirkt wird.

Was nun den Bau und die Verrichtungen der vorher erwähnten vier Magen-Abtheilungen betrifft, so sind sie bei den Schafen dieselben, wie bei den andern wiederkäuenden Thieren. Die erste dieser Abtheilungen, der Pansen oder Wanst genannt, ist einer sehr großen Ausdehnung fähig. Die innere Fläche desselben wird durch eine zottige Haut gebildet, welche im gesunden Zustande des Thieres einen Saft absondert, von dessen Beschaffenheit das Befinden des ganzen Körpers abhängt. Dieser Saft besitzt nämlich die Eigenschaft, die in dem genossenen Futter noch befindlichen Gährungsstoffe in so weit zu beschränken, daß sie der Gesundheit des Thieres nicht nachtheilig werden können. Ist die Menge dieses Magensaftes nun nicht hinlänglich, die Futtermasse gehörig zu durchdringen, oder enthält derselbe nicht Kraft genug, ein schädliches Einwirken der Gährungsstoffe zu verhindern, so sind hievon die übelsten Folgen für die Gesundheit des Thiers zu fürchten.

Die zweite Abtheilung, Haube oder Mütze genannt, ist eine für sich selbst bestehende Höhlung, und liegt etwas nach der rechten Seite des ganzen Magengebäudes. Sie ist inwendig mit einem netzförmigen Hautgewebe bekleidet, aus welchem, wenn dieser Behälter seine Geschäfte verrichtet, eine speichelartige Materie hervordringt.

Die dritte Magenabtheilung, Psalter, Buch u. s. w.

genannt, ist mit den eben beschriebenen beiden Magenabtheilungen verbunden. In diesem Behältniß findet Ihr 24 bis 30 sichelförmig gestaltete Blätter oder Lappen, welche von vorn nach hinten liegen und durch eine Verdoppelung der innern Haut gebildet werden. Drei und drei dieser Blätter liegen in Zwischenräumen nebeneinander, und ist ein Blatt derselben nicht so breit als die übrigen beiden. Der Zwischenraum zwischen dem schmalen und dem jedesmal folgenden breiteren Blatte ist bedeutend größer als die übrigen, so daß hierdurch die Abtheilungen der je drei Blätter gebildet werden. An beiden Seiten sind diese Blätter mit kleinen Wärzchen gänzlich bedeckt.

Die letzte der genannten vier Magenabtheilungen endlich ist der sogenannte Lab- oder Käsemagen. Dieser Behälter ist als der eigentliche Magen zu betrachten, indem er an seinen inneren Flächen auf gleiche Weise gebildet ist, wie der einfache Magen anderer Thiere. Derselbe ist mit dem zuletzt beschriebenen, dem Psalter, durch einen breiten Darm verbunden, welcher aus der häutigen Masse des ganzen Magen-Umfanges gebildet wird. Durch diesen Darm gehen die genossenen Nahrungsmittel aus der dritten in die vierte Abtheilung über, also aus dem Psalter in den Lab, und aus diesem dann durch den sogenannten Zwölffingerdarm in die anderen Gedärme.

Da jede Gelegenheit benutzt ist, Euch an geschlachteten Schafen den inneren Bau, und namentlich die Lage und Einrichtung der vier Magenabtheilungen zu zeigen und zu erklären, so kann ich wol annehmen, daß Ihr das, was ich hierüber gesagt, auch verstanden habt, und gehe ich daher zu der Beschreibung der Verrichtungen der vier Magen-Abtheilungen über.

Alles, was das Thier an Futter und Getränk genießt, kommt zuerst in den Pansen. Die flüssigen Dinge, so wie auch diejenigen Futtermittel, welche den Thieren in einem sehr zerkleinerten Zustande gereicht werden, gehen nach und nach in den Psalter; Gras, Stroh, Heu und andere solche Futtermittel aber können nur durch das Wiederkäuen in den Psalter gelangen. Das Wiederkäuen, dieses merkwürdige Naturgeschäft, wird bei allen wiederkäuenden Thieren, und also auch bei den Schafen, auf folgende Weise verrichtet:

Alle wiederkäuenden Thiere kauen beim Fressen das Futter nur wenig, und verschlucken es so, daß es nicht gleich in den Psalter gehen und verdaut werden kann, sondern hiezu erst durch das Wiederkäuen vorbereitet werden muß. Dieses Geschäft nimmt in dem Pansen seinen Anfang. Derselbe hat durch eine gewisse Muskelkraft das Vermögen, alles ihm zugebrachte lange Futter theilweise zusammenzuballen, und diese Ballen, einen nach dem anderen, quer durch die untere Schlundmündung hindurch nach der Haube hinüber zu treiben. In der Haube wird jeder ihr zugebrachte Ballen noch dichter geformt, mit der vorhin erwähnten speichelartigen Feuchtigkeit überzogen, dadurch schlüpfrig gemacht, und dann in die untere Schlundmündung zurück gedrückt. Vermittelst einer rückwirkenden Kraft des Schlundes wird der Futterballen wieder in denselben hinauf und in die Maulhöhle gebracht. Hier wird er nun noch einmal gekaut, gehörig zerkleinert, mit Speichel gemischt und so zur völligen Verdauung zubereitet.

Das auf diese Weise zum zweiten Male gekaute und hinuntergeschluckte Futter geht jetzt nicht mehr in den Pansen, sondern sogleich in den Psalter. In diesem werden die vorn beschriebenen Zwischenräume der sichelförmigen Lappen mit dem eindringenden Futter nach und nach angefüllt, und von den an denselben befindlichen Wärzchen die besten Nahrungstheile aus dem Futter ausgesogen, und in die feinen Körpertheile gebracht. Die übrige Masse geht alsdann durch den von der Magenhaut gebildeten Darm in den Lab oder vierten Magenbehälter. Hier wird sie völlig zum Speisebrei umgewandelt, und so zubereitet, daß die Gedärme die in derselben noch vorhandenen Nahrungstheile auszuscheiden im Stande sind.

Was ich Euch nun in Vorstehendem über die Körperbeschaffenheit der Schafe und namentlich die Verrichtungen des Magens dieser Thiere gesagt habe, zeigt Euch, wie wichtig für die Erhaltung der Gesundheit derselben eine regelmäßige Haltung, eine gleichmäßige Fütterung und Anwendung gesunder Futtermittel ist, und wie Ihr dem Auftreten vieler Krankheiten vorbeugen könnt, wenn Ihr hierauf stets die größte Aufmerksamkeit verwendet.

Wir wollen nun zu den wichtigsten Krankheiten, die bei den Schafen vorkommen, übergehen; und bemerke ich zunächst, daß dieselben

A. in ansteckende und
B. in nicht ansteckende

eingetheilt werden.

A. Ansteckende Krankheiten.

1. Die Blattern oder Pocken.

Die Schafpockenseuche ist kein bei uns einheimisches Uebel, sondern ebenso wie die Rinderpest eine durchaus fremde Krankheit, die vor ungefähr 400 Jahren in Europa bekannt wurde. Sie ist wahrscheinlich aus Asien, dem Geburtslande so vieler Pestkrankheiten zu uns gekommen, hat sich über fast alle Länder Europas verbreitet, ist jetzt auch bei uns einheimisch geworden, und hat überall großes Unglück angerichtet.

Die Schafpocken haben in ihrem Verhalten eine vollkommene Uebereinstimmung mit den Menschen- oder vielmehr natürlichen Kuhpocken; auch läßt sich wol annehmen, daß sie mit diesen zu gleicher Zeit zu uns gekommen sind. Dieser

Gleichförmigkeit ungeachtet haben die Schafpocken doch nicht die mindeste Einwirkung auf die Menschen, und eben so wenig sind die Kuhpocken im Stande auf das Schafvieh zu wirken. Die Schafpocken sind dieser Thiergattung ausschließlich eigen und können keinem andern Thiergeschlechte beigebracht werden, selbst nicht einmal dem mit dem Schafviehe so nahe verwandten Ziegengeschlechte.

Diese Beschränktheit der Wirkungskraft des Pockengiftes liefert Euch den Beweis, daß der eigentliche Krankheitsstoff der Schafpocken in einem einfachen Pestgifte besteht, welches nur gerade auf dieses Thiergeschlecht von der Natur angewiesen ist, indem nur dieses allein Empfänglichkeit für die Aufnahme dieses Giftes erhalten hat. Deshalb wird aber auch in einem solchen Geschlechte jedes Thier mit einer Empfänglichkeit für dieses Pockengift geboren; und dies ist die Ursache, daß kein einziges Thier verschont bleibt, wenn die Schafpocken einmal in einer Heerde ausgebrochen sind.

Obgleich nun aber jedes Thier die Empfänglichkeit für das Pockengift mit zur Welt bringt, so ist dieselbe doch keinesweges bei allen von gleicher Stärke, und die Krankheit zeigt sich deshalb sehr verschieden. Bei einigen Thieren stellt sich dieselbe in sehr vielen, bei anderen dagegen nur in sehr wenigen Pocken dar, je nachdem eine größere oder geringere Empfänglichkeit für diese Krankheit in ihnen vorhanden ist.

Bei jeder Ansteckung ist die Menge des übergehenden Giftes sehr gering, jedoch stets hinreichend, in den Körper des Thieres einzudringen, ein Verderben der Säfte zu bewirken und sich aus den verdorbenen Säften nach und nach so zu vermehren, daß es im Stande ist, sich mehr oder weniger in die ganze Körpermasse zu verbreiten.

Auch darin hat das Pockengift Aehnlichkeit mit den Peststoffen, daß es nach erfolgtem Uebergange in einen anderen Körper dem Anschein nach während einer bestimmten Zeit ganz ruhig bleibt, und zwar eben so lange als das der Rinderpest, nämlich sechs volle Tage, sich aber am siebenten Tage entwickelt. Dieses Entwickeln verursacht ein Fieber, welches, je nachdem die Empfänglichkeit des ergriffenen Thieres für dieses Gift größer oder geringer ist, mehr oder weniger heftig ist, und den Ausbruch der Krankheit anzeigt.

Sobald sich nun das Pockengift hinlänglich vermehrt hat, und der Zeitpunkt seiner Entwickelung gekommen ist, so fängt auch die Natur des Thiers an, den eingedrungenen Feind zu bekämpfen, und bemüht sich, den Krankheitsstoff aus dem Innern des Körpers hinweg, und nach der Haut hinzutreiben, da dieser Körpertheil von der Natur zur Aufnahme des Pockengifts bestimmt ist.

Hat die Körper-Verfassung Kraft genug, das Pockengift aus dem Innern des Körpers herauszutreiben, so wird es demselben auch nicht leicht möglich, wieder dahin zurückzugehen, sondern es muß in der Haut verbleiben. Diese wird dann auch bald mit Hilfe der wirkenden Natur die Macht des Feindes vernichten, und sich seiner gänzlich entledigen; in welchem Falle denn das Thier die Krankheit übersteht, und dadurch für seine ganze übrige Lebenszeit gegen Ansteckung gesichert ist.

Was nun das Wesentliche der ersten Krankheitsperiode, nämlich die Ansteckung betrifft, so kann dieselbe bei einem gesunden Thiere auf drei verschiedenen Wegen erfolgen:

1) durch körperliche Berührung,
2) durch wirkliches Einschlucken der Pocken-Materie, und
3) durch das Einathmen der Dünste, die entweder unmittelbar aus dem Körper selbst, oder aus dessen Ausleerungen hervorgehen.

Da die Schafpocken als eine Hautkrankheit zu betrachten sind, so muß ihr Vorhandensein auch auf der Haut der davon ergriffenen Thiere sichtbar werden. Dies geschieht nun auch dadurch, daß die in dem Körper erzeugte und nach der Haut hingetriebene Pocken-Materie, als eine durch das Gift zur Verderbniß gebrachte Lymphe, in dem Gewebe der Haut sich sammelt. Hier dringt sie gewaltsam in die Gefäße ein, schwellt dieselben an gewissen Punkten auf, und dehnt dadurch die Oberhaut aus. Auf diese Art bilden sich dann die Pusteln, welche Euch unter der Benennung Pocken oder Blattern bekannt sind, und welche theils in großer, theils in geringer Anzahl, und eben so auch in verschiedener Größe zum Vorschein kommen.

Sie zeigen sich anfänglich als hellrothe entzündliche Fleckchen, welche zwar schon am achten Tage nach der Ansteckung sichtbar werden, ihre völlige Gestalt aber erst am neunten Tage erlangen. Dem Erscheinen dieser Flecke geht ein Fieber voran, welches schon mit dem siebenten Tage bemerkbar wird, und bis zum Erheben der Pusteln fortdauert. Dasselbe ist zur Austreibung des Pockengiftes durchaus nothwendig.

Durch das allmählige Andrängen der Pocken-Materie werden die Gefäße der Mittelhaut auf den durch die hellrothen Flecke bezeichneten Stellen unnatürlich stark angefüllt, so daß sie endlich Risse bekommen, aus welchen dann die beschriebene Wässrigkeit ausdringt, und die Oberhaut von dem unteren Gewebe wegdrückt. Sie sammelt sich nun unter der Oberhaut an, verdickt sich endlich, wird eitrig und macht so vermöge der Durchsichtigkeit der Oberhaut die verschiedenen Abstufungen von Weiße, welche sich so deutlich an den Pusteln vom Anfang ihres Erhebens bis zu ihrer völligen Reife zeigen.

Bei einem regelmäßigen Gange der Krankheit könnt Ihr die Pusteln auf folgende Weise sich entwickeln sehen.

Am achten Tage nach der Ansteckung, oder am zweiten

der Ausbruchs-Periode, werden die Euch beschriebenen hellrothen Flecke bemerkbar und zeigen sich Eurem Auge deutlich; am neunten werden sie erhaben, am zehnten Tage formen sich die Pusteln völlig, am elften Tage trennt sich die Oberhaut schon meistens von dem, gleich einer Fleischwarze aufgetriebenen zelligen Gewebe der Mittelhaut, und wird von der unter ihr befindlichen Wässrigkeit sehr weich, und am zwölften Tage hat die Pocken-Pustel ihren höchsten Stand erreicht.

Mit dem zwölften Tage endet zugleich die zweite Krankheits-Periode, und nun ist von der Krankheit an und für sich für das kranke Thier nichts mehr zu befürchten.

Am zehnten und elften Tage hat das Pockengift die meiste Wirksamkeit, und deshalb auch das kranke Thier die größte Ansteckungsfähigkeit. Vom zwölften Tage an wird dieselbe zwar allmählig geringer, ihr gänzliches Aufhören aber erfolgt nicht eher, als bis die Schörfe, welche nach dem zwölften Tage aus den Pusteln sich bilden, sämmtlich abgeheilt sind.

Bei der Euch hier gegebenen Beschreibung der zweiten, als der über Leben und Tod entscheidenden Periode ist vorausgesetzt, daß die Krankheit regelmäßig, d. h. nach den Gesetzen ihrer Natur, verläuft, und die thierische Natur in ihren Anstrengungen zur Austreibung des Pockengiftes durch nichts gestört wird. Ist dies aber nicht der Fall, so kann die Krankheit sehr leicht tödtlich werden.

Befindet sich nämlich der Körper eines von dieser Krankheit ergriffenen Thiers in einer großen durch Nahrungsmangel entstandenen Kraftlosigkeit, so sind dessen Säfte auch schon als verdorben zu betrachten. Das Pockengift kann alsdann, da es weniger Widerstand findet, sich so sehr vermehren, daß die Natur nicht im Stande ist, sich desselben völlig nach der Haut hin zu entledigen, in welchem Falle denn auch der Pockenausbruch nicht vollständig stattfinden kann.

Eben so kann die Regelmäßigkeit des Ausbruchs auch

durch äußere Einwirkungen, und selbst bei den kräftigsten Thieren, gehindert werden. Es kann dies geschehen dadurch, daß Ihr die erkrankten Thiere einer anhaltenden Nässe aussetzt, daß Ihr dieselben aus einer sehr heißen Stallluft in die Kälte bringt, daß Ihr sie beim nächtlichen Hürden auf der kalten Erde liegen laßt, daß Ihr sie auf bereifte oder wol gar mit etwas Schnee bedeckte Wintersaat treibt, und dergleichen mehr.

Durch alle Euch eben namhaft gemachte Ereignisse wird die Natur nicht nur verhindert, das Pockengift gehörig auszutreiben, sondern es wird ihr auch die Kraft geraubt, dem Zurückgehen des schon ausgetriebenen Giftes und dessen dann erfolgenden Angriffen auf die Eingeweide des erkrankten Thieres sich zu widersetzen; und eben dieses Zurückgehen des Giftes ist dann auch Ursache, daß die schon entstandenen Pusteln nicht zur gehörigen Ausbildung kommen.

Die härtesten Angriffe hat jedoch die thierische Natur dann zu erdulden, wenn in dem Körper der an den Pocken erkrankten Thiere eine andere Krankheit im Entstehen ist, oder auch nur die Erzeugungs-Ursachen zu irgend einer Krankheit vorhanden sind, welche dann durch die Wirkungen des Giftes sowol, als auch durch das dieselben begleitende Fieber zur Thätigkeit gebracht werden. In solchen Fällen hat die Natur mit zwei Feinden zu kämpfen, von welchen sie dann auch in der Regel zu Boden gedrückt wird.

Trifft es sich, daß die Thiere, wenn sie von den Pocken befallen werden, vielleicht den Stoff zu einer fauligen Krankheit und zugleich viel Empfänglichkeit für die Aufnahme des Pockengiftes in ihrem Körper haben, so ist dies eine Verbindung, welcher die Natur am wenigsten widerstehen kann. Das Pockengift betreibt alsdann sein Vermehrungsgeschäft dergestalt, daß ein allgemeines Verderben der Säfte, und zuletzt ein allgemein brandiger Zustand erfolgt. Die Pusteln bekommen fast gar keine Erhöhung, anstatt des Eiters zeigt sich eine dunkelfarbige, faulige, stinkende Jauche, und es bilden sich hieraus die brandigen oder sogenannten Aaspocken.

Diese sehr häufig vorkommenden Erscheinungen, die fast jedesmal den Tod des davon ergriffenen Thieres herbeiführen, haben Manchen zu dem Glauben verleitet, daß es zweierlei Art von Schafpocken, und zwar gut- und bösartige gebe; dies ist jedoch ein Irrthum, denn diese Verschiedenheiten, unter denen sich dieselben häufig zeigen, werden lediglich durch die Nebenumstände, welche ich Euch eben beschrieben, erzeugt.

Hinsichtlich der Menge und Größe der Pusteln und der Körperstellen, auf welchen sie hervorkommen, ist nichts Bestimmtes anzugeben. Man findet sie, wie ich Euch dies schon vorher gesagt, auf einem Thiere in sehr großer, auf einem anderen in sehr geringer Anzahl, je nachdem die Empfänglichkeit des davon befallenen Thieres beschaffen ist. Auch sieht man sie auf einem und demselben Thiere in sehr verschiedenen Größen. Bei denen, welche besonders viele Pocken haben, kommen sie am häufigsten am Bauche, auf der inwendigen Seite der Lenden, und am Kopfe vor.

An allen stark mit Wolle bedeckten Stellen, besonders aber auf dem Rücken, werden die Pocken, sie mögen groß oder klein sein, stark erhaben, glänzend und völlig blasenartig; dahingegen sie an den nicht mit Wolle bedeckten Körpertheilen zwar auch von verschiedenem Umfange, jedoch sämmtlich äußerst platt erscheinen, weil die Haut dieser Körpertheile so dünn ist, daß beinahe gar keine solche Erhabenheiten entstehen können. Auch gehen die an solchen nicht mit Wolle bedeckten Körperstellen befindlichen Pocken selten in wirkliche Eiterung über, sondern wandeln sich gleich nach ihrem Erscheinen in flache Schörfe um, weil sie beim Gehen und Liegen des Kranken aufgerieben werden, da diese sehr dünne Oberhaut nicht den Widerstand gegen das Aufreiben leisten kann, als die anderen mit Wolle bedeckten Körperstellen. Ebenso ist dies der Fall mit den Pocken, welche am Kopfe und besonders an der Stirn und den Backen hervorkommen. Auch diese gelangen wenig oder gar nicht zur Eiterung, weil sie das Thier, da sie ihm heftiges Jucken verursachen, theils mit seinen Hinterfüßen abkratzt, theils an harten Gegenständen abreibt. Da nun aber gerade diese Pocken am meisten in die Augen fallen, so giebt das Nicht-Eitern derselben oft Veranlassung, daß dergleichen Schörfe nicht für wahre Pocken gehalten und die zur Rettung der Heerde dienenden Mittel deshalb nicht angewendet werden. Ihr müßt daher, so wie Ihr dergleichen Schörfe bemerkt, sogleich eine ganz genaue Untersuchung der Heerde anstellen, um darüber Gewißheit zu erlangen, ob auch nicht die Pocken in derselben ausgebrochen sind.

Von allen mit Wolle bewachsenen Körperstellen, an welchen sich Pusteln erheben, verliert sich die Wolle, weil die Wurzeln derselben, welche in dem zelligen Gewebe der Mittelhaut ihren Sitz haben, dort von den mit Pockengift durchdrungenen scharfen Säften zerstört werden. Dies ist denn auch Ursach, daß auf solchen Stellen, nach dem Abheilen der Pocken, entweder gar keine oder doch nur sehr wenig Wolle wieder zum Vorschein kommt, so daß der Schade bei einer Schafheerde, in der die natürlichen Pocken geherrscht haben, ganz abgesehen von dem durch den Tod verursachten Verlust, unermeßlich groß ist.

Das Abtrocknen der Pusteln und die dadurch herbeigeführte Beendigung der Krankheit bildet die dritte Periode derselben. Diese nimmt am 13ten Tage nach der Ansteckung ihren Anfang, wo die in den regelmäßig gebildeten Pocken befindliche Feuchtigkeit in Eiter verwandelt wird, wodurch das bis dahin perlfarbene Ansehen der Pusteln in ein Milchweiß übergeht. Die Pusteln verlieren nun etwas von ihrer Erhabenheit, da sie keinen Zufluß mehr bekommen, und die Oberhaut wird sehr mürbe. Am 14ten Tage ist von der Aufgetriebenheit der Mittelhaut nur wenig noch vorhanden, und die Oberhaut ist so mürbe geworden, daß sie bei der leisesten Berührung losgeht. Am 15ten Tage ist gar nichts mehr von Feuchtigkeit bemerkbar, und die schon am vorigen Tage angefangene Bildung der Schörfe, als Zeichen des Abtrocknens der Pocken, wird nun allgemein.

So bestimmt sich nun auch, wie Ihr in dem Vorhergehenden gesehen habt, die Dauer der ersten und zweiten Periode, so wie der Anfang der dritten angeben läßt, so wenig kann man das Ende der letzteren bestimmen, weil dasselbe in der völligen Wiederherstellung des Kranken, also in dem gänzlichen Abtrocknen sämmtlicher Pocken, besteht, welches sich nicht genau bestimmen läßt.

Es finden sich zuweilen Menschen, welche allerhand Mittel gegen die Schafpocken empfehlen; ja, ich habe sogar Jemand gekannt, der sich bereden ließ, um die natürlichen Pocken, welche im Herbst unter seinen Mutterschafen ausgebrochen waren, zu vertreiben, dieselben zum Bock zu lassen, ohne weitere Vorkehrungen zu treffen. Die Folge dieses unbedachten Verfahrens war, daß er nicht allein einen großen Theil seiner Mutterschafe verlor, sondern daß diejenigen, welche leben geblieben und tragend geworden waren, Lämmer mit völlig ausgebildeten Pocken zur Welt brachten, die sämmtlich starben. Deshalb lasset Euch nicht verleiten, irgend eine Art von Arznei gegen diese Krankheit anzuwenden, denn da derselben ein wirkliches Pestgift zum Grunde liegt, so ist gegen sie auch eben so wenig, wie gegen andere Pestseuchen, weder ein Heilmittel noch ein Vorbeugungsmittel wirksam, und die Anwendung aller solcher Sachen ein ganz nutzloser Aufwand.

Da es nun weder ein Heilmittel noch ein Vorbeugungsmittel gegen die Pocken giebt, so würden wir, bei der Unmöglichkeit ihr Einschleichen unter unsere Heerden gänzlich zu verhindern, noch immer von dieser bösartigen Krankheit viel zu leiden haben, wenn es nicht der menschlichen Forschbegier gelungen wäre, vermöge der Impfung die Pocken durch sich selbst zu besiegen.

Das Einimpfen der Schafpocken ist also das einzige, aber auch ganz unfehlbare Mittel, das Leben und selbst die Gesundheit der Schafe gegen diese so vernichtende Krankheit zu schützen. Absichtlich nenne ich auch die Gesundheit, weil diese Seuche, wenn sie durch natürliche Ansteckung in eine Heerde kommt, außer denen, welche sie dem Tode überliefert, auch noch vielen andern die Gesundheit raubt. Denn die Schafpocken können bei den Schafen ähnliche Uebel veranlassen, wie solche so oft bei den Menschen als Nachwirkungen der natürlichen Kuhpocken erzeugt werden.

Da nun durch das Einimpfen der Pocken den Thieren doch dieselbe Krankheit beigebracht wird, welche, wenn sie auf dem Wege der natürlichen Ansteckung in eine Heerde kommt, so vieles Unglück anzurichten im Stande ist, so werdet Ihr fragen — „wie geht es denn zu, daß das künstlich und gleichsam mit Gewalt den Thieren beigebrachte Gift hinsichtlich seiner Wirkungen denen der natürlichen Ansteckung so ganz entgegengesetzt, so wenig Gefahr bringend, sich zeigt?" Hierauf erwiedere ich Euch Folgendes:

Die Pocken sind zwar, wie Ihr aus dem Vorhergehenden wißt, eigentlich eine Hautkrankheit, allein bei der natürlichen Ansteckung kommt das Gift erst in das Innere des Körpers, und muß von hier nach der Haut, als dem Orte seiner Bestimmung, hingetrieben werden. Besitzt nun hiezu die Natur in Folge einer schwächlichen Beschaffenheit des erkrankten Thieres, oder anderweitiger Umstände wegen, nicht Kraft genug, so ist dieses Pockengift fähig, viel Unheil anzurichten, wie Ihr solches gesehen habt. Bei dem Einimpfen der Pocken dagegen wird das Gift unmittelbar in den ihm bestimmten Körpertheil, die Haut, gebracht; die Natur hat also nicht erst nöthig, dasselbe aus dem Innern des Körpers nach der Haut hinzutreiben, sondern sie hat nur zu verhindern, daß dasselbe nicht von der äußeren Haut in das Innere des Körpers hineindringt. Dieses mißlingt ihr nur selten, da wir es ja in unserer Gewalt haben, nicht nur die zum Impfen passendste Jahreszeit zu wählen, sondern auch den Gesundheits- und Futterzustand der zu impfenden Thiere zu berücksichtigen, und dieses Geschäft nicht vorzunehmen brauchen, wenn derselbe nicht gut und kräftig ist. Das Gift muß also, da der Kampf der Natur gegen dasselbe durch einen gesunden und kräftigen Körper unterstützt wird, in der Haut verbleiben, und kann nicht wieder in das Innere dringen. Da dasselbe aber der Haut keinen wesentlichen Schaden zuzufügen vermag, so ergiebt sich daraus, daß das Einimpfen der Pocken, wenn dasselbe zur rechten Zeit und mit Vorsicht geschieht, ein sicheres Mittel ist, all das Unglück, welches die durch natürliche Ansteckung oder Selbsterzeugung entstandene Pockenseuche anzurichten im Stande ist, gänzlich zu verhüten.

Das Einimpfen der Pocken besteht zwar in einer äußerst einfachen Operation, wie sie Euch theils von früher her bekannt ist, theils aber auch beim Impfen der hiesigen Lämmer gezeigt wurde, dessenungeachtet aber ist zur gehörigen Ausführung derselben viel Aufmerksamkeit und eine geübte Hand erforderlich. Denn wenn Ihr mit der Impfnadel zu tief stecht, so verursacht Ihr den Thieren nicht nur sehr viele unnöthige Schmerzen, sondern Ihr könnt auch das Leben derselben in Gefahr bringen, wenn das dadurch hervorgerufene Geschwür brandig werden sollte, was leicht der Fall sein kann. Deshalb merkt Euch Folgendes als Regel:

> es darf beim Impfen durchaus nichts weiter als die äußere Körperhaut mit der Impfnadel durchstochen werden.

Was die Stelle oder den Theil des Körpers, an welchem geimpft werden soll, betrifft, so geschieht es sowol am Ohr, an der innern Seite des Vorderarms oder Hinterschenkels, als auch an der innern Seite des Schwanzes. Ich halte die innere haarlose Fläche des Ohrs für die passendste Stelle, habe immer dort geimpft und nie Nachtheile davon gehabt. Es behaupten zwar Einige, daß dadurch die Ohren so verletzt würden, daß an denselben die in den Schäfereien gebräuchlichen und auch nöthigen Zeichen nicht angebracht werden könnten, allein wenn nur bei der Operation mit Geschick und Aufmerksamkeit verfahren wird, so muß dies nur selten vorkommen.

Die geimpften Thiere bekommen nun da, wo die Spitze der Impfnadel in die Haut eingedrungen ist am neunten Tage nach der Impfung eine besondere Erhabenheit oder Hautanschwellung, welche bei den meisten vollkommen rund ist, beinahe einen Zoll Durchmesser hat, und bis zu einem fünftel Zoll Höhe bekommt. Bei vielen Thieren erlangen diese Erhabenheiten jedoch einen weit geringeren Umfang, so daß man sie zuweilen nur von der Größe einer Erbse findet.

Weder die großen noch die kleinen Hautanschwellungen werden eiternd, halten jedoch sowol hinsichtlich ihres Hervorkommens und Zunehmens, als auch hinsichtlich der Dauer ihres Standes mit den wirklichen Pocken ganz gleichen Gang. Am dreizehnten oder vierzehnten Tage nach der Impfung bekommen die Pusteln in ihrer Mitte eine kleine Vertiefung und auf dieser eine schorfartige Kruste, welche mit dem gänzlichen Verschwinden der Hautanschwellung abfällt, oder mit den Schörfen derjenigen Pocken, welche das geimpfte Thier noch außerdem erhalten haben sollte, was jedoch nur höchst selten vorkommt.

Die Euch beschriebenen hellröthlichen Hautanschwellungen, sie mögen so klein sein, als sie wollen, geben Euch allemal den sichersten Beweis, daß die Impfung gehaftet hat. Ist dies nicht geschehen, so zeigt sich an dem bestimmten Zeitpunkt, also spätestens am 9. Tage, auf der Impfstelle auch nicht die mindeste Veränderung der Haut; und die Impfung muß noch einmal geschehen. Die kleinste geröthete Hautanschwellung zeigt Euch also an, daß die Empfänglichkeit des thierischen Körpers für das Pockengift vernichtet, und das Thier für seine noch übrige Lebenszeit gegen anderweitige Ansteckung vollkommen gesichert ist.

Was die Hautanschwellungen nun an Feuchtigkeit enthalten, es mag lymphen- oder blutartig sein, das ist von äusserst heftiger Wirkung, und kann von Euch am 10. oder 11. Tage als die sicherste Impfmaterie benutzt werden, um andere Thiere damit zu impfen.

Da es leider noch nicht überall eingeführt ist, daß den jährlich hinzutretenden jungen Thieren die Pocken geimpft werden, um die ganze Heerde für immer vor dieser Seuche zu schützen, so werdet Ihr Euch häufig veranlaßt sehen, da, wo Ihr die obenerwähnte Schutz-Impfung nicht vorgenommen habt, Eure Zuflucht zur Noth-Impfung zu nehmen.

Die Noth-Impfung nenne ich diejenige, welche bei einer solchen Heerde vorgenommen werden muß, unter der die natürlichen Pocken entweder schon ausgebrochen sind, oder bei der eine Ansteckung zu befürchten ist, wenn sich die natürlichen Pocken in den Heerden der Nachbarschaft zeigen. Sie muß im ersteren Falle deshalb vorgenommen werden, um bei denjenigen Thieren, bei welchen sich noch keine natürlichen Pocken gezeigt haben, durch das Impfen die Pocken hervorzurufen, weil, wie Ihr wißt, die Krankheit dann nicht so bösartig ist, als wenn sie dieselbe durch Ansteckung bekommen. Es kann hierbei freilich vorkommen, daß Thiere geimpft werden, welche schon angesteckt sind, da dies am siebenten Tage erst sichtbar wird, und diese dann doch die natürlichen Pocken bekommen; laßt Euch dadurch aber nicht abhalten, die Noth-Impfung vorzunehmen, es werden immer viele Thiere vor den natürlichen Pocken bewahrt bleiben, und ist dies überdem das einzige Mittel, dem drohenden Unheile einigermaßen zu begegnen. Im zweiten Falle muß die Noth-Impfung vorgenommen werden, um die noch gesunde Heerde vor Ansteckung von den in der benachbarten Heerde ausgebrochenen natürlichen Pocken zu bewahren.

Die Schutz-Impfung nenne ich, wie schon oben erwähnt, diejenige, welche man alljährlich bei den hinzutretenden jungen Thieren vornimmt. Eigentlich sollte diese kein Schäfereibesitzer versäumen, da er hierdurch für immer seine Heerde vor der oft so bösartigen Pockenseuche bewahrt, und die Noth-Impfung entbehrlich macht.

Denn aus dem was ich Euch vorn gesagt, werdet Ihr wol einsehen, daß diese letztere Impfung nur ein Nothbehelf, ein Wählen des kleineren Uebels ist, um einem größeren zu entgehen, da dieselbe vorgenommen werden muß, wenn es die Noth verlangt, ohne daß es Euch erlaubt wäre, weder die passende Jahreszeit, noch den Gesundheits- oder Futterzustand Eurer Heerde zu berücksichtigen; und doch können diese Umstände, wie ich Euch solches weitläufig auseinander gesetzt habe, auf den weiteren Verlauf der Pockenkrankheit höchst nachtheilig einwirken. Laßt es Euch daher stets angelegen sein, da, wo Ihr in einer Heerde die Schutz-Impfung noch nicht eingeführet findet, sie einzuführen; es wird Euch dieses vor vielen Verlusten bewahren.

Gewöhnlich wird die Schutz-Impfung erst bei den Jährlingen und zwar im Herbst vorgenommen. Ich halte aber beides für unpassend. Es ist mir nämlich schon vorgekommen, daß die natürlichen Pocken bei den Jährlingen ausbrechen, ehe sie geimpft waren; dann aber werden diese jungen Thiere auch gerade in dieser Jahreszeit, wo schon die Futterumänderung, der Uebergang von der grünen zur trockenen Fütterung, störend auf die Ausbildung ihres Körpers einwirkt, durch diese Krankheit am meisten angegriffen, und in ihrem Wachsthum zurückgehalten. Warum sollen wir daher bei den Schafen zur Impfung nicht dasselbe Alter wählen, wo uns Menschen die Pocken eingeimpft werden? — Ich impfe schon seit einer Reihe von Jahren meinen Lämmern die Pocken zu einer solchen Zeit, daß sie diese Krankheit überstanden haben, bevor sie von den Müttern entwöhnt werden. Sie überstehen diese Operation und deren Folgen sehr leicht, und die Impfung hat dieselbe Wirkung, als wenn sie in einem späteren Alter vorgenommen wäre; denn wäre dies nicht der Fall, so müßten doch die säugenden Mutterschafe, die auch als Lämmer geimpft waren, von den mit Pocken behafteten Lämmern angesteckt werden; dieser Fall ist mir aber seit 25 Jahren noch nicht ein einziges Mal vorgekommen. Es ist freilich wahr, daß bei den Lämmern die geimpften Pocken schwerer als bei älteren Thieren fortgehen, wenn sie in den Ohren geimpft werden, und daß Ihr dieselben mehrmals nachsehen müßt, um die nicht fortgegangenen nachzuimpfen; allein dies ist eine geringe Mühe, die Ihr nicht scheuen dürft, da dieses Verfahren Eurem Brodherrn zum Vortheil gereicht.

2. Die bösartige Klauenseuche.

Auch diese Krankheit war früher bei uns nicht einheimisch, sondern ist wahrscheinlich in wärmeren Gegenden der Erde entstanden, und durch Ansteckung bis zu uns fortgepflanzt, wie die Pockenseuche. Es ist wenigstens erwiesen, daß dieselbe erst in neueren Zeiten durch spanische Schafe unseren Heerden zugeführt ist. Nasse regnerische Witterung, und das Hinaustreiben der Schafe im Winter aus dem warmen Stalle auf einen nassen und schmutzigen Hof, begünstigen den Ausbruch der Seuche sehr, der nur durch strenge Absonderung der Kranken von den Gesunden und durch eine zweckmäßige Behandlung Einhalt geschehen kann.

Die Krankheit macht sich hauptsächlich durch folgende Zeichen kenntlich: Die kranken Thiere fangen an zu hinken, und zwar in der Regel erst auf dem einen, und dann auf beiden Vorderfüßen, bis sie dann auch auf den Hinterfüßen lahm werden. Der lahme Fuß ist heiß, und an der Klaue geschwollen, so daß die Klauen etwas weiter auseinanderstehen, als an den gesunden Füßen. Die Haut im Klauenspalte ist geröthet, und schwitzt eine übelriechende Feuchtigkeit aus, die sich zu einer Jauche verdickt, welche nicht nur die zunächst herumliegende Haut entzündet und anfrißt, sondern sich auch oft hinter die Hornwände in die Klaue ergießt, so daß sich die Hornkapsel an verschiedenen Stellen vom Fleische lostrennt, und im schlimmsten Falle ganz ablöst; ja bisweilen, wenn die Heilung vernachlässigt wird, werden sogar die Bänder und Sehnen der Füße und selbst die Knochen angefressen. In diesem Zustande rutscht das zum Gehen gänzlich unfähige Thier entweder auf den Knieen vorwärts, oder es liegt beständig, magert aber trotz seiner ungestörten Freßlust immer mehr ab, bis es endlich stirbt.

Die Klauenseuche, welche in dieser Bösartigkeit fast nur bei veredelten Schafen vorkommt, ist im höchsten Grade ansteckend, so daß sie, wenn die davon befallenen Thiere nicht sogleich von den gesunden getrennt werden, nach 4 bis 8 Wochen, sich über die ganze Heerde verbreitet. Sie ist so ansteckend, daß diese Krankheit oft schon dadurch in eine gesunde Heerde gebracht ist, daß dieselbe über einen Platz oder Weg geführt ist, über den kurz zuvor klauenkranke Schafe gegangen waren.

Ihr müßt deshalb, namentlich wenn Ihr hört, daß die Klauenseuche in der Umgegend herrscht, höchst aufmerksam auf Eure Heerde sein. Sehet Ihr nun, daß ein Schaf auf einem oder mehreren Füßen hinkt, so müßt Ihr dasselbe sogleich genau untersuchen. Findet Ihr da ein kleines Bläschen oder Geschwür in der oberen Klauenspalte, und den Fuß sehr erhitzt, so ist dies ein Zeichen, daß die Klauenseuche sich in Eure Heerde eingeschlichen hat, und Ihr habt keine Zeit zu verlieren, die geeigneten Mittel anzuwenden. Das erkrankte Thier muß nicht nur allein gestellt werden, sondern Ihr müßt auch die ganze Heerde Stück für Stück durchsehen, und alle nur irgend verdächtigen Thiere daraus entfernen und auch allein stellen. Dann wird jedes kranke Thier vorgenommen, mit einem scharfen Messer der Schorf oder das Bläschen, welches sich zwischen der Klaue gebildet hat, abgeschabt, und alles bis auf das gesunde Fleisch gereinigt. Hierauf wird die wunde Stelle mit Salzwasser ausgewaschen, und mit rauchender Salpetersäure (Acidum nitricum) bestrichen.

Hätte aber das Geschwür bereits weiter um sich gegriffen, und sich schon unter die Hornhaut der Sohle fortgepflanzt, so muß das sämmtliche faule Fleisch mit der hornartigen Sohle so weit weggeschnitten werden, bis gesundes Fleisch erscheint. Dann wascht Ihr die Wunde ebenfalls mit Salzwasser aus, und bestreicht sie erst mit Salpetersäure und dann mit gebranntem Hirschhorn-Oel. Die kranken Thiere bleiben abgesondert stehen, und sind etwa nach 8 Tagen geheilt. Bisweilen aber, hauptsächlich wenn Ihr mit Hinwegnahme des brandigen Fleisches nicht sorgfältig genug gewesen seid, und Stoff zu neuer Ansteckung dadurch zurückgeblieben ist, findet sich abermalige Lähme ein, und das Uebel scheint sich zu erneuen. In diesem Falle müßt Ihr das oben beschriebene Verfahren wiederholen, und deshalb auch die anscheinend genesenen Thiere noch einige Zeit von der Heerde entfernt halten, um gewiß überzeugt zu sein, daß kein Stoff zu neuem Ausbruch der Krankheit, und dadurch herbei zu führender Ansteckung gesunder Thiere zurückgeblieben ist.

Das obige Verfahren wird überall ausreichen, diese bösartige Seuche in Eurer Heerde zu besiegen, wenn es sogleich angewendet wird, sobald sich einige erkrankte Thiere in Eurer Heerde zeigen. Es genügt dasselbe aber nicht, wenn die Krankheit bei ihrem ersten Erscheinen vernachlässigt ist, und sich in der Heerde festgesetzt hat. Die Behandlung der Kranken und ihre Absonderung von den Gesunden bleibt zwar dieselbe, wie oben angegeben, allein nach der Schur müßt Ihr folgendes Verfahren beobachten, um diese Seuche aus der Heerde wieder loszuwerden.

Ihr nehmt alle Thiere der Heerde im Freien einzeln vor, reinigt ihnen die Klauen gehörig von Schmutz, Fasern und Hornspalten, wascht sie recht rein mit warmem Wasser ab, und trocknet sie wieder. Dann bestreicht Ihr ihnen die ganzen Klauen, und zwar allen Thieren, wenngleich dieselben anscheinend gesund sind, mit verdünnter Schwefelsäure, auf 5 Quart Wasser 1 Quart Schwefelsäure. Dieses Verfahren wird alle 14 Tage wiederholt, bis sich nach 6 Wochen keine Spur der Seuche mehr vorfindet. Sehr gut ist es, wenn die so behandelte Heerde während dieser Zeit, bei regnigem Wetter und schmutzigen Triften, auf dem Stalle gehalten werden kann.

Wenn Ihr nun auf diese Weise Eure Heerde von dieser bösartigen Seuche befreit habt, so muß auch für Reinigung der Ställe und Stallgeräthe gesorgt werden. Der Dünger muß nicht nur aus dem Stalle herausgebracht werden, sondern auch einige Zoll der darunter befindlichen Erde, welche dann durch frischen Sand ersetzt wird. Ebenso muß die Erde des Schäfereihofes einige Zoll tief abgefahren und durch neue ersetzt werden. Die Wände und Fundamente des Schafstalls müssen in- und auswendig mit Kalk abgeweißt, und die Stallgeräthe mit starker Lauge gereinigt und dann mit Kalk angestrichen werden. Um dann das Wiederausbrechen der Seuche zu verhüten, dürfen die Schafe bei der Winterfütterung nicht mehr in dem mit Mistjauche durchdrungenen Schmutz, der sich gewöhnlich vor den Schafställen befindet, getrieben werden, sondern es muß sich in jedem Stalle ein leerer Raum befinden, wohin die Schafe gebracht werden, während eingefüttert wird; wie Ihr solches in der hiesigen Schäferei seht.

Kürzlich ist auch noch vom Dr. Gerold folgendes sehr einfache Mittel gegen die Klauenseuche bekannt gemacht, welches zu prüfen mir aber bis jetzt noch die Gelegenheit gefehlt hat:

Ein Quart abgekochtes und erkaltetes Wasser wird in eine irdene mäßig breite Schüssel gegossen, nachdem 6 bis 8 Stückchen Zinkblech von der Größe eines Kupferpfennigs und etwa 4 bis 6 Kupferpfennige in dieselbe gelegt waren. Hierzu wird ½ Loth Schwefelsäure gegossen. In einem Eimer Fluß- oder Regenwasser werden nun die kranken Klauen erst vom Schmutze gereinigt, dann ausgeschnitten, wie ich Euch vorher angegeben, und darauf 3 bis 5 Minuten in die mit obiger Flüssigkeit gefüllte Schüssel gehalten. Dieses Verfahren wird 2 bis 3 mal nach eintägigem Zwischenraum wiederholt, wenn nicht schon früher Heilung eingetreten ist. Die obige Flüssigkeit reicht für 2 bis 300 Schafe aus, da das Mittel so lange nützt, als noch Bläschen auf die Oberfläche steigen; dagegen ist es rathsam, mit dem Fluß- oder Regenwasser öfter zu wechseln.

Nicht zu verwechseln mit der oben beschriebenen bösartigen Klauenseuche ist diejenige Klauenseuche, welche zeitweise, durch Witterungs-Einflüsse hervorgerufen, in unseren Heerden erscheint und in der Regel mit der Maulseuche verbunden ist. Sie ist durchaus nicht ansteckend, und verschwindet in kurzer Zeit wieder, oft nach einigen Tagen, ohne daß es nöthig gewesen wäre, Heilmittel dagegen anzuwenden.

Zuweilen werden sich auch lahme Schafe in Eurer Heerde finden, die sich dieses Uebel dadurch zugezogen haben, daß sich Schmutz zwischen den Klauen festgesetzt hat. Ihr müßt ihnen dann die Klauen reinigen, und wenn die Stelle durch die stattgefundene Reibung entzündet sein sollte, sie mit gepulvertem blauen Vitriol bestreuen oder mit einer Auflösung desselben bestreichen.

Aufmerksamkeit ist aber auch hier nöthig, weil diese unbedeutende Krankheit sonst leicht durch Vernachlässigung in bösartige Klauenseuche ausarten kann.

3. Die Räude.

Obgleich diese Krankheit jetzt selten noch vorkommt, und eigentlich nur noch in gewissen Gegenden herrschend ist, so will ich Euch dieselbe doch beschreiben und ihre Heilung kennen lehren, damit Ihr sie zu behandeln versteht, falls sie in den Heerden des Einen oder Anderen von Euch ausbrechen sollte.

Die Schafvieh-Räude gehört auch zu denjenigen Krankheiten, welche den Schafen allein eigenthümlich sind. Sie unterscheidet sich von anderen bei den Schafen vorkommenden Hautausschlägen hauptsächlich dadurch, daß sie ansteckend ist, jedoch nur für Schafvieh; und geht dieselbe weder auf andere Thiere noch Menschen über.

Sie entsteht bei uns nie aus inneren Ursachen, wie andere Hautausschläge, sondern allein nur durch Ansteckung.

Was das Gift betrifft, durch welches die Räude von schon ergriffenen Thieren auf noch gesunde übergeht, so unterscheidet sich dasselbe von dem Pockengifte dadurch, daß es nicht durch das bloße Einathmen der verpesteten Luft, sondern nur durch körperliche Berührung den gesunden Thieren zugeführt werden kann. Auch dadurch unterscheidet es sich von dem Pockengifte, daß die Empfänglichkeit für dasselbe durch einmalige Ansteckung nicht aufgehoben wird, wie dies bei den Pocken der Fall ist, sondern ein und dasselbe Thier kann mehrmals von dieser Krankheit befallen werden.

Da diese Krankheit, deren Heilung sehr mühsam und schwierig ist, und nur sehr langsam bewirkt werden kann, nur durch Ansteckung und zwar bei unmittelbarer Berührung erzeugt wird, so muß es Eure vorzüglichste Sorge sein, die Euch anvertrauten Heerden vor Ansteckung zu bewahren, wenn Ihr Euch in solchen Gegenden befindet, wo diese Krankheit noch zuweilen vorkommt. Ihr habt also beim Hüten darauf zu sehen, daß Eure Heerde an der Grenze der Feldmark nicht mit der benachbarten zusammenkommt, und daß auch Euer Hund nicht unter die fremden Schafe läuft und sie beißt; denn auch dies kann die Uebertragung dieser Krankheit aus einer fremden Heerde in die Eurige bewirken. Auch müßt Ihr Euch stets fern vom Wege halten, wenn Ihr seht, daß dort fremde Schafe über die Feldmark getrieben werden, denn leider ist auch hierdurch schon oftmals diese Krankheit weiter verbreitet worden.

Die Schafvieh-Räude besteht in einem Ausschlage auf der Haut, der sich in mehr oder weniger großen Schörfen zeigt, welche zuweilen trocken, zuweilen jauchig sind. Da dieselben den Schafen ein unangenehmes Jucken verursachen, so kratzen sie sich mit den Füßen oder reiben einzelne Stellen des Körpers an Stielen oder Ecken der Wände. Wenn Ihr dies bemerkt, so müßt Ihr die Thiere sogleich genau untersuchen, die kranken von den gesunden trennen, und sofort mit größtem Fleiß und Ausdauer die nöthigen Mittel zur Heilung dieser Krankheit anwenden, weil sonst nicht nur Eure ganze Heerde angesteckt wird, sondern Ihr auch diese Krankheit nie wieder aus der Heerde los werdet. Da aber die Wolle bei Anwendung der zur Heilung bestimmten Mittel viele Schwierigkeiten verursacht, indem die räudigen Stellen dann theils gar nicht, theils nur an den wenig bewollten Stellen des Körpers sichtbar sind: so könnt Ihr nicht eher auf das Gelingen einer allgemeinen Heilung mit Zuversicht rechnen, als bis die Schafe geschoren sind, und müßt Ihr Euch bis dahin bemühen, doch so viel zu thun, daß ein gewaltsames Umsichgreifen des Uebels verhindert wird.

Um dies zu bewerkstelligen, verfahret Ihr folgendermaßen: Ihr nehmet Alaun und Salmiak von jedem 1 Loth, lasset beides in 2 Pfund Wasser zergehen, setzet ½ Loth Schwefelsäure hinzu, rühret alles gut durcheinander und thut dann in diese Mischung so viel kleingeschnittenen gewöhnlichen Taback, als die Flüssigkeit gut zu durchdringen im Stande ist. Dann lasset Ihr das Ganze gut zugedeckt einige Stunden lang auf einer heißen Stelle des Feuerheerds stehen, und drückt dann durch ein Tuch die Flüssigkeit recht gut aus dem Taback aus.

Ihr sucht nun mit möglichster Sorgfalt die von der Räude ergriffenen Körperstellen auf, und benässet dieselben mit der obigen Flüssigkeit so, daß der Räudeschorf und dessen Sitz von der Beize möglichst durchweicht werden, und wiederholt dies am dritten Tage, wo denn die Heilung des so behandelten Schorfs gewiß erfolgen wird.

Wenn nun aber die Schafe geschoren sind, so beobachtet Ihr zur Heilung der Räude folgendes Verfahren:

Ihr nehmt 3 Pfund ganz gewöhnlichen Taback, schneidet denselben klein, thut ihn in einen Kessel, gießet 18 bis 20 Pfund Wasser darauf, und lasset die Mischung eine Stunde lang kochen. Dann gießet Ihr die Flüssigkeit durch ein Tuch, wobei der Taback auch gut ausgedrückt werden muß, und mischt zu derselben 6 Loth Salmiak und 4 Loth Schwefelsäure. Jetzt nehmet Ihr jedes Schaf einzeln vor, und bemühet Euch, die auf demselben sich vorfindenden Schörfe mit einem naß gemachten und in grüne Seife getauchten wollenen Lappen zu erweichen und von der Haut abzulösen, soweit solches, ohne Gewalt anzuwenden, gehen will. Dann taucht Ihr einen Borsten-Pinsel in die vorher bereitete, oben beschriebene Beize, und benäßt damit die schorfigen Stellen, jedoch so, daß die Beize mit dem Pinsel gleichsam eingestaucht wird. Dieses Verfahren, bei dem Ihr genau darauf zu sehen habt, daß auch das kleinste Schörfchen betupft wird, muß 2 bis 3 mal einen Tag um den andern wiederholt, auch die Beize bei der Anwendung fleißig umgerührt werden.

Wenngleich bei Anwendung des obigen Heilverfahrens die Krankheit in der Regel zu weichen pflegt, so finden sich doch zuweilen Stellen, welche demselben widerstehen. Bei diesen wendet Ihr dann folgende Salbe an:

Ihr nehmet 8 Loth Hammelfett, 4 Loth Kienöl, 1 Loth Alaun und 2 Loth gereinigten Schwefel, letzteren und den Alaun recht fein gepulvert, und reibt das Ganze in einem irdenen Gefäß recht gut durcheinander. Mit dieser Salbe bestreicht Ihr die räudigen Stellen drei- bis viermal einen Tag um den andern, und reibt dieselbe recht kräftig ein, nachdem Ihr aber auch vorher die Schörfe jedesmal mit Wasser und grüner Seife aufgeweicht habt.

Da die von der Räude geheilten Thiere keineswegs, wie ich Euch vorn gesagt, vor neuer Ansteckung geschützt sind, so versteht es sich von selbst, daß die Schafställe, sowie die Krankheit gehoben ist, mit ebenso großer Sorgfalt gereinigt werden müssen, wie ich Euch solches bei der bösartigen Klauenseuche beschrieben habe. Auch müssen die Thiere bei dem obigen Heilverfahren eine reichliche Weide und viel Trinkwasser haben.

Bei dieser Gelegenheit will ich Euch auch noch mit einem vom Dr. Günther bekannt gemachten homöopathischen Mittel gegen diese Krankheit bekannt machen. Derselbe sagt:

Die Heilung des Uebels ist sehr einfach, und wird durch ein Mittel, welches blos innerlich angewendet wird, in 6 bis 8 Tagen von Grund aus bewirkt, ohne daß es dabei der Laugenwäsche oder der bekannten Schmierkuren bedürfte. Denn da der auf der Oberfläche der Haut sich bildende Ausschlag nicht die Krankheit selbst, sondern blos das äußerlich wahrnehmbare Product, und nichts anderes ist, als die Blüthe eines im Innern des Körpers wuchernden Wurzelgeflechtes, so ergiebt sich, daß derselbe nur durch ein gegen die Krankheit selbst gerichtetes Heilverfahren gründlich und ohne traurige Folgen für Gesundheit und Leben entfernt werden kann.

Das Heilmittel ist das unter dem Namen Schwefelbalsam bekannte Schwefelpräparat, von welchem oft schon 3 Gaben, jede zu 2 Tropfen von der starken Tinctur, das Uebel, selbst wenn es schon ziemlich weit um sich gegriffen hatte, glücklich beseitigten. Nur ausnahmsweise habe ich dann und wann 8 bis 12 Tage lang täglich eine Gabe zu verabreichen nöthig gefunden. Zwei Stunden nach dem Eingeben dürfen die Thiere weder fressen noch saufen. Auch als Schutzmittel hat sich der Schwefelbalsam bewährt, wenn davon jedem einzelnen Stücke einer aus sogenanntem Schmiervieh bestehenden Heerde zu Anfang des Herbstes ein paar Gaben gereicht und dies alle 4 bis 6 Wochen wiederholt wurde.

Da dies Mittel häufig beim Einkauf mit Schwefel-Tinctur verwechselt wird, so thut man am besten, sich selbst den Schwefelbalsam zu bereiten, welches auf folgende Weise geschieht: Man löst einen Gewichts-Theil Schwefel in vier Gewichts-Theilen Leinöl durch Kochen über Kohlenfeuer vollkommen auf, und erhält dadurch eine schwarzbraune, elastische, unangenehm nach Schwefel riechende Masse, das sogenannte Schwefelleinöl, von welchem wieder ein Gewichtstheil mit drei Gewichtstheilen Terpentinöl bei gelinder Wärme aufgelöst das sogenannte geschwefelte Terpentinöl oder den Schwefelbalsam geben, welcher in der oben angegebenen Weise sofort zur Anwendung gebracht werden kann.

Außer der Euch so eben beschriebenen wahren Schafvieh-Räude kommt noch eine Art von Räude bei den Schafen vor, welche die Stall-Räude genannt wird. Diese Krankheit kommt jedoch nur selten vor, und dann auch nur in der Regel bei Schaf-Viehständen kleiner Landleute. Sie entsteht nie durch Ansteckung, sondern entwickelt sich im Innern des Körpers derjenigen Thiere, welche im Winter in sehr engen, niedrigen, luft- und lichtlosen Ställen gehalten und in diesen bei fast gänzlichem Mangel an Körperbewegung mit gutem nahrhaften Futter im Uebermaaß unterhalten und dabei nicht gehörig mit reinem Trinkwasser versorgt werden.

Zur Heilung dieser Krankheit, bei welcher die Schafe an allen mit Ausschlag besetzten Körperstellen die Wolle verlieren, ist es nur nöthig, ihnen ein weniger nahrhaftes Futter zu geben, in dem Stalle fortwährend reine Luft zu erhalten, und sie bei gutem Wetter täglich einige Stunden zur Bewegung ins Freie zu schicken. Innerlich könnt Ihr ihnen gut pulverisirte Eichenrinde, etwa zwei Loth auf jedes Thier, mit kurzem Futter und etwas Salz eingeben.

4. Der Milzbrand.

Der Milzbrand, auch Blutseuche, Blutkrankheit oder Sommerseuche genannt, befällt meistens die wohlgenährtesten Schafe und tödtet sie in der Regel außerordentlich schnell. Bei Heerden, unter denen die Krankheit herrscht, nimmt man häufig bei großer Hitze eine ungewöhnliche Neigung zum Zusammentreten in einen Haufen auf der Weide wahr. Die Thiere senken dabei die Köpfe tief zur Erde, holen ungewöhnlich schnell und mit starker Flankenbewegung Athem, und zeigen überhaupt einen Zustand von Mißbehagen. Einzelne Thiere scheinen sich auch in einem Zustand von Aufregung zu befinden, zeigen sich ungewöhnlich munter, und diese sind es oft, welche vorzugsweise von der Krankheit befallen werden. Bei vielen Schafen bemerkt man vor dem offenbaren Ausbruche der Krankheit eine etwas ins Bläuliche spielende Röthung der Haut und einen dunkelblauen, am unteren Rande ins Gelbliche oder Braune spielenden Strich auf der weißen Augenhaut, während die Blutgefäße aufgetrieben und dunkelgeröthet erscheinen. Viele Stücke zeigen vor dem Tode gar keine Krankheitserscheinungen, indem sie, während sie oft noch fressen, anfangen zu taumeln, umfallen, und auf der Stelle todt sind. Verläuft die Krankheit weniger schnell, so zeigen die erkrankenden Thiere zuerst einen gespannten unsicheren Gang und große Hinfälligkeit, sie hören plötzlich auf zu fressen, bleiben hinter der Heerde zurück, senken die Köpfe tief zur Erde und lassen die Ohren schlaff herunterhängen. Der Hals schwillt an, das Herz klopft stark und schnell, das beschleunigte Athemholen wird mit großer Anstrengung stoßweise und sehr unregelmäßig ausgeübt, die weiße Augenhaut röthet sich, die Gefäße auf derselben sind stark aufgetrieben, die Schleimhaut der Nase und des Mauls wird blutroth, im Maule findet sich ein oft blutiger Schaum ein, die Thiere knirschen mit den Zähnen und sind ganz abgestumpft und gefühllos. Sie setzen zuerst die Hinterbeine, dann auch die Vorderbeine weit auseinander, letztere fangen an zu zittern, es treten Zuckungen an den Muskeln ein, die Kranken taumeln, stürzen zusammen, schlagen heftig mit den Füßen, der Hals wird verdreht, die Bindehaut der Augen und die weiße Augenhaut nimmt sichtlich an Röthe zu, und die Augäpfel treten aus ihren Höhlen hervor. Die einzelnen Athemzüge geschehen in langen, unregelmäßigen Zwischenräumen, oft hört das Athemholen für eine Zeitlang ganz auf, worauf wieder einzelne Athemzüge schnell hintereinander folgen. Vielen Thieren läuft Blut aus der Nase, bei anderen aus dem After, bei den meisten geht kurz vor dem Tode blutiger Urin oder reines Blut aus der Scheide unwillkürlich ab, während der Tod unter Zuckungen eintritt.

Die angeführten Zeichen folgen so schnell auf einander, daß die Krankheit oft in wenigen Minuten, oft in einer halden Stunde ihren Verlauf bis zum Tode durchmacht. Bei sehr wenigen Thieren tritt der Tod erst in 12 bis 72 Stunden ein, und folgen die Krankheitszeichen weniger schnell aufeinander; sie steigern sich langsamer, es tritt klebriger Schweiß ein, die Kranken verbreiten einen unangenehmen Geruch, laufen mitunter mit den Köpfen gegen die Wand, und sterben ebenfalls unter Krämpfen und Zuckungen. Läßt man einem kranken Thier zur Ader, so blutet die Wunde bis zum Tode fort, wenn die Oeffnung nicht mechanisch geschlossen wird. Das abfließende Blut ist sehr dunkel von Farbe, und verwandelt sich nach dem Erkalten in eine sulzige Masse, ohne zu gerinnen.

Unmittelbar nach dem Tode treten die Zeichen der Verwesung ein, ein Beweis, daß die Neigung zur fauligen Auflösung schon zu Lebzeiten des Kranken zugegen gewesen ist. Die Cadaver bleiben lange biegsam, bekommen bläuliche und grünliche Flecke, treiben stark auf und verbreiten einen aashaften Geruch.

Was die Ansteckungsfähigkeit des Milzbrandes betrifft, so ist durch gegründete Erfahrungen festgestellt, daß derselbe eine unter gewissen Bedingungen höchst ansteckende Krankheit sei, und zwar für Menschen sowol, wie für alle lebenden Thiergeschlechter. Er ist ansteckend in hohem Grade, aber es sind gewisse Umstände und Bedingungen erforderlich, unter denen die Ansteckung sich weiter verbreitet, und es ist keine Ansteckung möglich, wenn diese fehlen. Unter diesen Bedingungen steht die Empfänglichkeit für die Krankheit obenan. Sowie es Menschen giebt, die für gewisse Krankheiten keine Empfänglichkeit haben, und selbst bei den ansteckendsten, verheerend wüthenden Krankheiten verschont bleiben, so verhält es sich auch bei den Thieren, bei denen ebenfalls eine gewisse Anlage zur Aufnahme und Ausbildung des Ansteckungsstoffes vorhanden sein muß, ohne welche dieselbe niemals erfolgen kann. Diese Fähigkeit zur Aufnahme des Milzbrandes findet sich vorzugsweise bei kraftvollen, fetten, vollsaftigen, wohlgenährten Thieren des mittleren Alters, weniger bei jüngeren oder älteren; auch zeigt sie sich oft mehr oder weniger heftig, je nach der Beschaffenheit des davon ergriffenen Thieres. Ferner hat die Erfahrung es deutlich herausgestellt, daß der Milzbrand nicht immer in gleich hohem Grade ansteckend ist, indem besonders der mehr oder weniger langsame Verlauf der Krankheit hierauf von dem bedeutendsten Einflusse ist. Je schneller sie die davon ergriffenen Thiere tödtet, desto weniger führt sie die Eigenschaft der weiteren Verbreitung mit sich, während die Ansteckungsfähigkeit gerade bei dem langsameren Verlaufe am bedeutendsten ist. Daher kommt es, daß in einer Heerde plötzlich nur ein oder zwei Stücke fallen, ohne daß eine weitere Verbreitung der Krankheit zu bemerken ist.

Da nun der Milzbrand unter gewissen Bedingungen sehr ansteckend ist, so müßt Ihr beim Abhäuten der daran gestorbenen Schafe entweder die größte Vorsicht beobachten, oder sie lieber unabgehäutet sogleich tief vergraben; denn jeder Tropfen Blut kann die Krankheit auf andere Thiere übertragen, und ebenso kann dies durch den Biß des Hundes geschehen, der von dem Fleische der an dieser Krankheit verstorbenen Thiere gefressen hat.

Am häufigsten tritt diese Krankheit in der heißen Jahreszeit auf, und zwar in den Monaten Juli, August und September, und ist ihre Entstehung in der Regel durch die Oertlichkeit bedingt; deshalb ereignet es sich auch häufig, daß sie in manchen Schäfereien gar nicht bekannt ist, während sie in anderen jährlich eine große Anzahl tödtet.

Zu den Entstehungs-Ursachen dieser Krankheit gehören auch folgende:

1) ein lockerer, warmer, sehr viel Dungkraft besitzender durchlassender Boden, auf welchen zwar rasche Hitze

und Dürre nachtheilig einwirken, alle Gräser und Kräuter jedoch nach einer Erfrischung durch Regen bald wieder in üppiger Fülle dastehen.

2) Eine Feldmark mit ungleichem Boden, wo die Pflanzen auf den Höhen leicht durch Hitze und Dürre vertrocknen, während in den Thälern noch ein üppiger Wachsthum stattfindet, oder nach Regen schnell entsteht.

3) Eine große Hitze ohne Luftzug, namentlich vor einem ausbrechenden Gewitter.

4) Der Genuß befallener Pflanzen, es sei dies nun im grünen oder getrockneten Zustande.

5) Das Weiden auf solchen Stellen, welche zu Zeiten unter Wasser gesetzt werden.

6) Schnelle Veränderung des Futters, bei dem sich das Vieh, welches vorher in einem mageren Futterzustande sich befand, schnell erholt und wohlgenährt wird.

7) Der übermäßige Genuß starkblähender, sehr saftreicher Futterstoffe.

8) Das Einathmen von Sumpfluft in der Nähe von Brüchen.

Die Krankheit brach auch zuweilen, selbst zur Winterzeit aus, wenn

9) den Schafen viel Körnerfutter und übermäßig Kleeheu verabreicht wurde, und

10) die Schafställe zu warm gehalten waren.

Ihr werdet es wol einsehen, daß bei dem so raschen Verlauf dieser Krankheit ärztliche Hülfe bei den erkrankten Thieren immer zu spät kommen dürfte, selbst wenn wir die kräftigsten Mittel gegen dieselbe besäßen. Da dies aber auch nicht der Fall ist, so kann Eure Aufmerksamkeit nur dahin gerichtet sein, die Euch anvertraute Heerde vor dem Ausbruch dieser Krankheit zu bewahren. Die Euch vorn namhaft gemachten Entstehungs-Ursachen der Krankheit zeigen Euch auch den Weg, den Ihr einschlagen müßt, um dieselbe zu vermeiden; ich will Euch daher nur noch Folgendes wider ins Gedächtniß zurückrufen, was auch zur Vermeidung derselben dienlich sein dürfte:

Haltet Eure Schafe nie in einem zu wohlgenährten, der Mastung ähnlichen Zustande, denn wie ich Euch schon früher gesagt habe, Zuchtschafe dürfen keine Mastschafe sein, da so nicht allein die Gesundheit, sondern auch der Werth der Wolle leidet. In heißen Mittagsstunden der Monate Juli, August und September setzet dieselben nicht den Einwirkungen der Sonnenstrahlen aus, sondern bringt sie in einen kühlen Stall, wenn Ihr irgend den Ausbruch dieser Krankheit zu fürchten habt, und vermeidet alles rasche Treiben und Jagen. Sollte die Krankheit in Eurer Heerde auftreten, wenn Ihr Euch auf einer fetten mastigen Weide befindet, so führet dieselbe sogleich auf eine magere Weide, oder füttert sie mit trockenem Futter auf dem Stalle; denn jede rasche Umänderung des Futters thut auch bei dieser, wie bei fast allen Schafvieh-Krankheiten große Wirkung, da ja die meisten Krankheiten dieser Thiere durch das genossene Futter herbeigeführt werden. Auch das Abhüten des Kartoffelkrauts, wonach weiches Misten entsteht, hat sich eine Zeitlang, bis die Thiere sich an diese Nahrung gewöhnt hatten, bewährt.

Da die Ursachen dieser Krankheit hauptsächlich in der Voll- und Dickblütigkeit und dem Säfte-Verderbniß der Schafe zu suchen sind, die wohlgenährtesten güsten Mutterschafe und zwar in den Monaten Juli, August und September am meisten davon befallen werden, sehr selten aber die säugenden Mutterschafe, so kann auch die Sommerlammung als ein Vorbeugungsmittel gegen diese Krankheit betrachtet werden.

Nach Günther will die Homöopathie im Anthracinum ein ganz sicheres Vorbeugungsmittel gegen den Milzbrand besitzen, welches sogleich wöchentlich 2 bis 3mal verabreicht werden muß, wenn sich diese Krankheit in den benachbarten Heerden bösartig zeigt. Da es zu weitläufig und auch zu zeitraubend sein dürfte, jedem einzelnen Schafe die Tropfen einzugeben, so wird folgende Art und Weise beim Gebrauch dieses Mittels vorgeschlagen.

Es werden 10 bis 12 Tropfen Anthracinum nach und nach unter einige Quart Wasser gemischt, und mit demselben 1 Scheffel Hafer besprengt, so daß jedes einzelne Korn damit befeuchtet wird, worauf man dann diesen Hafer, nachdem man ihn 6 bis 12 Stunden hat durchziehen lassen, einer Heerde von circa 600 Schafen zu fressen giebt.

Ihr seht also aus dem Vorhergehenden, daß, wenn wir auch keine Heilmittel gegen diese oft so verheerende Krankheit besitzen, wir doch durch Aufmerksamkeit und sorgfältige Haltung unserer Heerden, den uns durch dieselbe drohenden Nachtheilen und Verlusten größtenheils vorbeugen können.

B. Nicht ansteckende Krankheiten.

1. Die Drehkrankheit.

Die Drehkrankheit gehört zu den gefährlichsten, dem Schafvieh fast allein eigenthümlichen Krankheiten; und zwar deshalb zu den gefährlichsten, weil in manchen Heerden und manchen Oertlichkeiten dieselbe so sehr häufig sich zeigt, und wir bis jetzt noch kein sicheres Mittel zu ihrer Heilung kennen. Sie ergreift gewöhnlich nur Lämmer im ersten Lebensjahre, seltener zweijährige Thiere, und noch seltener ganz ausgewachsene Schafe, und giebt sich bei einer stets sehr langsamen Ausdehnung des Uebels, hauptsächlich durch Drehen und Taumeln und eine Art von Schwindel im Gange zu erkennen. Die Krankheit kündigt sich zuerst durch einen unsichern wankenden Gang des Thieres an, das hinter der Heerde häufig zurückbleibt, hin- und herirrt, seine Munterkeit verliert, den Kopf niedrig trägt und einen unruhigen verwirrten Blick zeigt. Das Auge ist dabei gewöhnlich bleich und bläulich. Bei dem Fressen vergißt das Thier sich häufig, indem es plötzlich aufhört zu grasen, und den Kopf hängen läßt, ohne zu kauen, weil die Sinne sich verwirren. Nach und nach nimmt die Mattigkeit zu, das Thier achtet auf nichts, und fängt bald an zu drehen, wobei es den niedrig und seitwärts gehaltenen Kopf immer nach der kranken Seite hin dreht oder hinabsenkt. Alle diese Zufälle bilden sich im Laufe der Zeit immer weiter aus. Je länger die Krankheit bereits gedauert hat, desto mehr dreht es sich, und läuft im Kreise umher. Die Freßlust verschwindet immer mehr, das Thier magert sichtlich ab, und geht endlich an gänzlicher Entkräftung zu Grunde.

Bei der Section der gestorbenen Thiere findet Ihr den Sitz dieser merkwürdigen Krankheit allemal im Gehirn. Bei Oeffnung der Schädelhöhle nämlich zeigen sich bald dicht unter dem Knochen, oder der harten Hirnhaut, bald im Gehirn selbst, Blasenwürmer von verschiedener Größe und in verschiedener Anzahl; bisweilen nur ein Einziger, oft aber auch 3 bis 6 Stück von der Größe einer Haselnuß bis zu der eines Taubeneis und darüber. Dieser Gehirnblasenwurm hat eine merkwürdige Bauart. Der Körper desselben besteht nämlich aus einem häutigen Sacke, welcher eine wasserhelle Feuchtigkeit in sich schließt, und an seiner innern Fläche eine Menge weißer mohnsaamengroßer Körperchen enthält, welche die Köpfe des Blasenwurms bilden, und mit mehreren Saugmündungen und einem Hakenkranze versehen sind, durch welche sie in das Gehirn eingreifen und sich von demselben nähren. So haben uns wenigstens vielseitige Beobachtungen dieser Körperchen mit einem Vergrößerungsglase gelehrt, denn dem bloßen Auge sind diese Saugmündungen und dieser Hakenkranz nicht sichtbar. An derjenigen Stelle des Schädels, wo die Wurmblase ihren Sitz hat, zeigt sich schon von Außen ein hoher Grad von Erweichung und Verdünnung, indem der Blasenwurm, welcher mit der Zerstörung der Gehirnmasse fortwächst, durch den anhaltenden Druck und beständiges Nagen sogar die Knochenmasse nach und nach zerstört.

Nach der verschiedenen Stelle, welche der Blasenwurm in dem Gehirn einnimmt, ist auch die Art der taumelnden Bewegung verschieden. Das Thier dreht zum Beispiel rechts, wenn die Blase in der rechten, und links, wenn dieselbe in der linken Seite des Gehirns ihren Sitz hat. Befinden sich aber in beiden Seiten gleich große Blasenwürmer, so dreht es bald nach der rechten, bald nach der linken Seite. Bisweilen dreht sich aber auch das kranke Thier gar nicht, wenn nämlich der Blasenwurm seinen Sitz in dem senkrechten mittleren Durchschnitte des Gehirns hat. In diesem Falle trägt es den Kopf immer niedrig vor sich hin, und kommt, obgleich es sich schneller zu bewegen scheint, doch nicht vom Platze. Wenn der Blasenwurm im hinteren Theile des Gehirns seinen Sitz hat, so trägt das Schaf den Kopf höchst aufgerichtet, geht im Gange immer gerade vor sich hin, und rennt an alle Gegenstände an, auf die es stößt.

Was die Heilung dieser Krankheit betrifft, so ist Euch bekannt, daß es selten gelingt ein Thier zu heilen, wenn der Blasenwurm im Kopfe sich erst ausgebildet hat; und ist es gerathen, jedes Thier sogleich zu schlachten, bevor es abmagert, bei dem man sich davon überzeugt hat, daß die Ursache des Drehens eine Blase im Gehirn ist.

Wie Ihr wißt, wendet man gewöhnlich bei den Versuchen zur Heilung dieser Krankheit den Trokar an, und der Amtsrath Steinkopf in Ballenstedt machte kürzlich bekannt, daß er die Hälfte seiner drehkrank gewordenen Jährlinge durch den Trokar rette, indem er das dabei zu beobachtende Verfahren in folgender Art angiebt:

Man lege das Schaf, nachdem man dasselbe hinsichtlich

der muthmaßlichen Blasenstelle genau untersucht, und diese von der Wolle befreit hat, mit dem Rücken auf einen Tisch, so daß der Kopf frei nach unten hängt. Nun wird der Trokar von unten nach oben durch die Hirnschale gedreht, jedoch vorsichtig, damit er nicht zu tief in das Gehirn eindringe. Wird die Blase getroffen, so spritzt das Wasser nach herausgezogenem Stilet durch die Röhre, und es zeigt sich nach Entfernung derselben in der Schädelöffnung die Haut der Blase. Diese wird vorsichtig mit einer kleinen Pincette hervorgezogen und wo möglich ganz entfernt. Wurde die Blase nicht verletzt, so tritt sie häufig durch Saugen mit einer in die Oeffnung passenden Spritze in die Oeffnung und wird entweder, wenn sie klein ist, unverletzt hervorgezogen oder geöffnet, und nur ihre Häute entfernt, nachdem das in ihr befindliche Wasser ausgeflossen ist. Das Aussaugen mit der Spritze entfernt den Inhalt der Blase vollkommen, und verhindert, daß durch die zurückgebliebene leicht in Verderbniß übergehende Lymphe das Gehirn gereizt wird, und dadurch Entzündung und Vereiterung desselben entsteht. Nach der Operation hat man das Thier kühl zu halten, und über die verwundete Stelle kalte nasse Umschläge zu legen, auch gebe man demselben weniger und leichteres Futter, als es früher erhielt.

Ich habe im Winter $18\frac{42}{43}$ bei zwei drehkrank gewordenen Sommerlämmern das obige Verfahren auch angewendet, jedoch ohne Erfolg. Bei zwei anderen drehkrank gewordenen Sommerlämmern habe ich folgendes homöopathisches Verfahfahren angewendet:

Es wurden dieselben auf eine geringere Diät gesetzt, und ihnen innerlich einen Tag um den andern 3 Tropfen Belladonna-Tinctur eingegeben. Nach 14 Tagen waren beide Thiere vollkommen geheilt, das eine ist auch jetzt noch, Winter $18\frac{44}{45}$, ganz gesund, das andere wurde jedoch im vorigen Winter $18\frac{43}{44}$ abermals von dieser Krankheit befallen, und konnte nicht gerettet werden. Weitere Erkrankungen von dieser Art kamen 18$\frac{42}{43}$ hier nicht vor, auch 18$\frac{43}{44}$ wurde außer dem oben erwähnten Thiere nur ein Sommerlamm drehkrank, welches aber auch durch Belladonna nicht geheilt werden konnte. Im Winter 18$\frac{44}{45}$ wurde vor Weihnachten ein von dieser Krankheit befallenes Sommerlamm mit Belladonna geheilt; ein zweites nach Weihnachten drehkrank gewordenes Sommerlamm hat bis jetzt noch nicht geheilt werden können. Es sollen diese Versuche fortgesetzt werden, und da zugleich von mehreren Mitgliedern des Landwirthschaftlichen Vereins zu Stettin dieselben Versuche zur Heilung der Drehkrankheit mit Belladonna angestellt werden, so läßt sich wol annehmen, daß wir entscheidende Resultate erhalten werden. Ich bezweifle jedoch einen so entscheidenden Erfolg, daß wir uns immer sicher auf dieses Mittel verlassen können, weil die Eigenthümlichkeit des erkrankten Thieres oder die längere oder kürzere Dauer der Krankheit immer großen Einfluß auf die Heilung ausüben werden. Deshalb muß ich wieder auf das zurückkommen, was ich Euch schon mehrmals gesagt habe: Ihr müßt dahin streben, den Krankheiten bei dem Schafvieh durch gleichmäßige Haltung und sorgsame Pflege zuvorzukommen, da es immer schwer ist, unter so vielen Thieren ein krank gewordenes früh genug zu entdecken, um durch ärztliche Hülfe noch Heilung bewirken zu können. Nicht dringend genug kann ich Euch dies auch bei der Drehkrankheit empfehlen. Denn der Euch beschriebene Blasenwurm im Gehirn ist in der Regel immer die Folge einer vorausgegangenen Entzündung in den lymphatischen Gefäßen des Gehirns. (Unter lymphatischen Gefäßen versteht man solche, welche, wie die Blutadern, im ganzen Körper vertheilt sind, aber statt Blut eine meistens farblose durchsichtige Flüssigkeit (Lymphe) enthalten.) Hätten wir nun sichere Kennzeichen, um das Vorhandensein dieser Entzündung zeitig genug zu ermitteln, so würde es uns in den meisten Fällen gelingen, derselben

Einhalt zu thun, und dadurch die Bildung des Blasenwurms zu verhindern. Allein deutlich ins Auge fallende Kennzeichen haben wir bis jetzt nicht, der Verlauf der Krankheit ist meistens unmerklich, und die durch sie entstehende Wasserblase wächst nur langsam und allmählig; so daß uns nichts übrig bleibt, als alles mit der größten Aufmerksamkeit und Sorgfalt zu verhüten, was den Lämmern und Jährlingen eine Gehirn-Entzündung und, als gewöhnliche Folgen derselben, die Drehkrankheit zuziehen kann.

Die Gehirn-Entzündung kann nur von einem Andrange des Bluts nach dem Kopfe entstehen, dieser Andrang aber setzt entweder eine unverhältnißmäßige Blutmasse oder eine beschleunigte Bewegung desselben voraus. Alles also, was auf Anhäufung des Bluts oder auf Beschleunigung seines Umlaufs einwirken kann, müßt Ihr vermeiden.

Dahin gehört nun aber, um es mit kurzen Worten zu sagen:

1) eine zu warme und dunstige Stallluft, durch welche schon bei dem Lamme der Keim zu dieser Krankheit gelegt werden kann,
2) die Einwirkung der heißen Sonnenstrahlen; daher die Sommerstallfütterung der Lämmer sehr rathsam ist; und wo dies nicht anwendbar, müßt Ihr sie wenigstens während der heißen Mittagszeit in einen luftigen Stall bringen,
3) Mangel an Bewegung,
4) Uebermaaß an Futter,
5) Genuß solcher Pflanzen, welche das Blut sehr erhitzen, vorzüglich üppig stehender Klee u. s. w.,
6) Mangel an zureichendem frischen reinen Trinkwasser,
7) heftige Bewegung durch Treiben, zumal bei heißer Witterung und
8) Erkältung durch Zugluft bei und gleich nach der Schur.

Wenn Ihr nun das, was ich Euch zur Vermeidung der Gehirn-Entzündung angerathen habe, so viel wie möglich beachtet, so werdet Ihr sehen, daß die Drehkrankheit in Eurer Heerde nie solche Verheerungen anrichtet, als dies sonst vielleicht der Fall gewesen wäre.

2. Die Schafbremsen- oder Oestrus-Larven-Krankheit.

Diese Krankheit entsteht durch ein Insekt, das unter dem Namen Schafbremse, Nasenbremse, Nasenkriecher (oestrus ovinus) bekannt ist. Dasselbe legt im August und September, namentlich den gesundesten und wohlgenährtesten Thieren der Heerde, wenn sie ermüdet auf der Weide liegen, seine Eier oft in großer Anzahl in die Nasenöffnungen. Hier werden dieselben durch die thierische Wärme sehr bald ausgebrütet, und die so entstandenen sehr kleinen Maden oder Larven kriechen in die Stirnhöhle hinauf, und leben und gedeihen dort, bis zu ihrer völligen Ausbildung, von dem daselbst befindlichen Schleime.

Durch das beständige Nagen dieser Larven wird die Schleimhaut heftig entzündet, und den Thieren Schmerz und ein der Drehkrankheit ähnliches Leiden verursacht, wobei sie beim Gehen die Vorderfüße hoch aufheben, als ob sie im Wasser gingen, und mitunter auch wol taumeln. Sie heben die Nasenspitze dann und wann rasch in die Höhe, und tragen so den Kopf eine Zeitlang hintenübergebogen, schleudern ihn auch unter häufigem Niesen und Entleerung eines zähen Schleimes aus der Nase hin und her, weshalb sie auch Schleuderer genannt werden. Ist die Anzahl der in der Stirnhöhle vorhandenen Larven beträchtlich (bisweilen findet man deren hundert und mehrere beisammen), so wird durch das beständige Nagen derselben die Schleimhaut dergestalt entzündet, daß das Thier an dem hierdurch verursachten Brande zu Grunde geht. Das Mittel, dessen man sich früher zur Beseitigung dieses alljährlich im Frühjahre und Spätsommer in der Regel nur gelinde, oft aber auch sehr mörderisch auftretenden Uebels bediente, ist

Niesewurzpulver oder Schnupftaback, welcher vermittelst einer Federpose in die Nasenlöcher eingeblasen wird, wodurch heftiges Niesen entsteht, in dessen Folge häufig die Larven mit vielem Schleim ausgeworfen werden. Da aber durch unvorsichtige Anwendung zu großer Gaben dieser Mittel die kranken Thiere leicht getödtet werden, so spritzt man ihnen jetzt Kornbranntwein oder ranziges Oel in die Nase, wodurch die Larven getödtet und die Thiere durch mäßiges Niesen zum Auswerfen derselben genöthigt werden.

Wenn jedoch sehr viele Larven im Kopfe vorhanden sind, so werden diese Mittel vergeblich angewendet, und die Kranken unterliegen der Qual, welche ihnen diese Würmer verursachen.

Unter diesen Umständen empfiehlt der Professor Störig die Anwendung des Trokars. Es werden mit demselben beide Stirnhöhlen angebohrt, das Stilet herausgezogen und durch die Röhre 4 bis 5 Tropfen von Dippels thierischem Oel (oleum animale Dippeli) in die Stirnhöhle geträufelt.

Um die Stellen, wo der Trokar zu diesem Behufe angesetzt werden soll, genau aufzufinden, denkt Ihr Euch eine Linie quer von der Mitte des einen Auges nach der des anderen gezogen. Auf dieser Linie meßt Ihr erst auf der rechten Seite vom äußersten Rande des Augenbogens — den Ihr ganz deutlich fühlt, wenn Ihr die Haut auf diesem Knochen hin- und herschiebt — zwei Finger breit nach der Mitte der Stirn zu und durchbohrt hier das Stirnbein. Eben so bestimmt Ihr den Punct, wo Ihr den Trokar einstoßen müßt, auf der linken Seite, und durchbohrt auch hier das Stirnbein. Die durch den Trokar gebildeten Löcher kommen also, je nach der verschiedenen Breite des Kopfs, 1 bis 2 Zoll auf der gedachten Querlinie auseinander.

Die Trokarlöcher werden darauf mit Theer zugestrichen, und den Thieren etwas Niesewurzpulver in die Nasenlöcher geblasen, damit sie die durch das thierische Oel getödteten Larven durch Niesen aus der Stirnhöhle entfernen können.

In der Regel werden nur Lämmer und Jährlinge von dieser Krankheit befallen, entweder weil die Larven der Schafbremsen, welche diese Krankheit verursachen, von der Natur nur auf die Ernährung von dem Schleime junger Thiere angewiesen sind, oder weil die alten Schafe schon zu klug sind, als daß sie sich von den Bremsen ankommen ließen.

Als Vorbeugungsmittel wird empfohlen, die Nasenlöcher der Jährlinge und Lämmer von Mitte Juli bis Mitte September alle Morgen mit Birken- oder gewöhnlichem Theer zu bestreichen, um dadurch die Bremsen, welche in diesen Monaten am gewöhnlichsten und häufigsten schwärmen, von den Thieren abzuhalten.

Allein da dieses Mittel bei größeren Heerden nicht gut ausführbar sein dürfte, so kann ich Euch hier auch nur das empfehlen, was ich Euch zur Vermeidung der Drehkrankheit gerathen habe, nämlich die jüngeren Thiere, also Jährlinge und Lämmer, während der heißen Mittagszeit in einen luftigen Stall zu bringen. Dahin kommen die Bremsen nicht, und Ihr werdet dadurch größtentheils bei Euren Heerden dieser Krankheit vorbeugen.

3. Die Traberkrankheit.

Die Traber- oder Gnubberkrankheit, auch Kreuzdrehe genannt, kömmt am häufigsten bei veredelten Heerden vor, und befällt die Thiere nur, wenn sie in einem Alter von $1\frac{1}{2}$ bis $2\frac{1}{2}$ Jahren sind; jedoch war dieselbe bereits vor Einführung der spanischen Schafe in Deutschland bekannt. Sie besteht in einer Lähmung des Kreuzes und der Hinterfüße, die nach und nach eine Vertrocknung des ganzen Rückenmarks zur Folge hat. Die Vorboten derselben ergeben sich aus einer eigenen geschäftigen Unruhe des Thiers, welches mit hochgehaltenem Kopfe ängstlich hin- und herläuft, und häufig mit den Beinen stampft; dabei bemerkt man zuweilen eine zitternde Bewegung des ganzen Körpers, besonders aber des Kopfes und der Ohren. Nach und nach zeigt sich eine Steifheit der hinteren Gliedmaaßen, welche einen schwankenden Gang erzeugt, und eine bedeutende Schwäche im Hintertheile verräth, die sich mit Zunahme der Krankheit so sehr vermehrt, daß das Thier im Gange das Hintertheil nach rechts oder links dreht, und endlich gänzlich nachschleppt; wo dann ein ganz gelinder Druck auf das Kreuz schon hinreicht, dasselbe zu Boden zu werfen. Am deutlichsten giebt sich diese Krankheit zu erkennen, wenn die Thiere veranlaßt werden, über etwas fortzuspringen, bei welcher Gelegenheit sie im Kreuze einknicken und auf den Vorderfüßen zittern, bei einem höheren Grade des Uebels aber vor Schwäche in den Muskeln zusammenstürzen. Letzteres geschieht auch, wenn man das Schaf an beiden Hinterfüßen und einem Vorderfuße zu sich heraufhebt und dann einige Schritte weit vor sich hinwirft. Beim Halten während dieses Versuches, fällt auch noch eine, gewöhnlich unbedeutend nickende Bewegung mit dem Kopfe auf. Bei einigen Thieren stellt sich dann im weiteren Verlauf der Krankheit ein ganz eigenthümliches Jucken oder eine andere Empfindung ein, welche das Thier nöthigt, sich mit dem Hintertheile an allen Gegenständen, in deren Nähe es kommt, zu reiben; andere dagegen benagen sich, in Folge dieses Juckens, Schweif, Lenden und Hinterschenkel so oft und so heftig mit den Zähnen, daß diese Theile nicht nur von Wolle ganz entblößt, sondern sogar blutrünstig und bis tief in die Fleischtheile hinein verletzt werden. Dabei magert das kranke Thier immer mehr ab und wird zuletzt so matt und schwach, daß es sich nicht mehr vom Boden aufhelfen kann. Endlich kommt noch Durchfall hinzu, und der Tod erfolgt 2 bis 6 Monate nach dem ersten Ausbruch der Krankheit.

Durch die Section der gestorbenen Thiere hat es sich ergeben, daß bei den im hohen Grade erkrankt gewesenen Thieren sich einiges weniges Wasser um das Rückenmark, zwischen demselben und dessen Häuten, eingefunden hatte, und zwar hauptsächlich in der Gegend der letzten Lendenwirbel und des vorderen Endes vom Kreuzbein. Es war das Rückenmark hier oft weicher, in seltnern Fällen auch härter und schien einen etwas geringeren Umfang gegen das eines gesunden Schafs zu haben, also geschwunden zu sein. Nicht minder fand sich in den Gehirnhöhlen aller von der Traberkrankheit schwer ergriffenen Schafe Wasser angehäuft, zwar sehr viel weniger als bei der Gehirnwassersucht, allein doch in solcher Menge, daß man mit demselben einen Theelöffel hätte anfüllen können. In den Organen der Brust- und Bauchhöhle waren niemals wesentliche Veränderungen vorhanden, diese Eingeweide hatten vielmehr eine Beschaffenheit, wie sie in den gesundesten Schafen angetroffen wird.

Die Traberkrankheit ist jedenfalls eine Nervenkrankheit, die theils aus einer nicht naturgemäßen Haltung der Thiere entsteht, wenn dieselben im Sommer auf zu knapper Weide gehalten und im Winter dann mit zu kräftigem Futter genährt werden, und auch umgekehrt — oder wenn ihnen überhaupt die schlechten Gräser einer kalten naßgründigen Weide im Sommer zur alleinigen Ernährung dienen; theils aber auch eine Krankheit, die aus Ueberreizung der Nerven schwächlicher, treibhausartig aufgezogener Thiere entsteht, wenn dieselben in zu jugendlichem Alter zu übermäßiger Begattung und Fortpflanzung benutzt werden. Diese Krankheit ist keinesweges ansteckend, sie ist auch nicht erblich, denn ich habe Nachkommen von Thieren, die traberkrank gestorben sind, bis in die dritte und vierte Generation gesehen, die ganz gesund bleiben. Da nun aber diese Krankheit ein örtliches Leiden ist, welches entweder durch unregelmäßige Behandlung, oder durch örtliche Weide- und Futterverhältnisse hervorgerufen wird, so ist es natürlich, daß dieselbe auch bei Thieren aus einer von dieser Krankheit als Entwickelungsleiden ganz freien Heerde ausbrechen kann, wenn dieselben an Orte und in Heerden kommen, wo diese Krankheit, hervorgerufen durch die Oertlichkeit oder die Haltung, einheimisch ist.

Was die Heilung dieser Krankheit betrifft, so kennen wir bis jetzt kein Mittel dagegen, und hat man auch in neuerer Zeit nur geringe Fortschritte in der Erkenntniß derselben gemacht; da es den meisten Schafzüchtern mehr darum zu thun ist, ihre eigenen Heerden als befreit von dieser Krankheit darzustellen, als ihre darüber gesammelten Erfahrungen öffentlich bekannt zu machen, um auf solchem Wege dieselbe näher kennen zu lernen, und Heilmittel für sie aufzufinden.

Ich kann Euch daher aus dem bisher Gesagten nur nachstehende Regeln geben, welche dazu dienen werden, diese Krankheit in Euren Heerden möglichst zu vermeiden:

1) Ihr müßt Eure Schafe immer so gleichmäßig wie möglich ernähren, also wenn sie im Sommer eine kärgliche Weide gehabt haben, sie auch im Winter nicht zu kräftig füttern, und umgekehrt; insbesondere müßt Ihr es vermeiden, ihnen im Winter zu kräftig ernährendes (intensiv) Winterfutter, also zu viel Körner zu geben;

2) ebenso müßt Ihr sehr extensiv ernährende Sommerweide vermeiden, also üppig gewachsenen Klee u. s. w.

3) Ihr müßt nicht jüngere Thiere, sowol Böcke als Schafe, als 2½jährige zur Fortpflanzung benutzen, und bei Heerden, die auf Oertlichkeiten gehalten werden, welche die Traberkrankheit sehr begünstigen, selbst erst 3 und 3½jährige. Es ist dies das Wichtigste, worauf ich Euch bei dieser Krankheit aufmerksam machen kann; denn da dieselbe eine Nervenkrankheit ist, bei welcher die Rückenmarks-Nerven angegriffen werden, und dies auch bei der Begattung der Fall ist, so ist

es natürlich, daß durch eine solche Veranlassung auch diese Krankheit hervorgerufen werden kann. Es sind mir Beispiele bekannt, wo durch Benutzung von Jährlings-Müttern zur Fortpflanzung und übermäßige Anstrengung von Jährlingsböcken beim Springen diese Krankheit in Heerden hervorgerufen wurde, die früher ganz frei davon waren, und daß sie nicht eher wieder aus denselben verschwand, bis man die jüngeren Thiere von der Begattung zurückhielt, und hiezu ihr $2\frac{1}{2}$ oder 3jähriges Alter abwartete.

4) Endlich müßt Ihr es vermeiden, aus einer Schäferei Böcke und Schafe anzukaufen, in der diese Krankheit als Entwickelungsleiden häufig vorkommt, indem Ihr dann nie sicher seid, ob Ihr nicht Thiere kauft, die in Folge ihrer Haltung und Ernährung auf der Weide den Keim zu dieser Krankheit schon in sich tragen, welche Ihr dann natürlich durch den Tod sehr bald verliert, und also das dafür ausgegebene Geld weggeworfen habt.

4. Die Bleichsucht — gewöhnlich die Fäule, oder das Fäulschwerden genannt.

Die Bleichsucht gehört zu den schleichenden Krankheiten; denn obgleich sie in Hinsicht ihrer Fortschritte sich sehr verschieden zeigt, so gehen dieselben doch in keinem einzigen von dieser Krankheit ergriffenen Thiere schnell von statten, vielmehr hat man Beispiele genug, daß sie, je nach der Art ihrer Entstehung, vielleicht ein ganzes Jahr hindurch den Körper eines solchen Thieres bewohnt, ehe sie ihm das Leben raubt.

In der Regel erscheint die Bleichsucht nicht bei einzelnen Thieren einer Heerde, sondern sie ergreift gewöhnlich gleich die ganze Heerde, oder doch einen großen Theil derselben, je nachdem die Ursachen ihrer Entstehung entweder in der Witterung oder auch in einer schädlichen Beschaffenheit der Weiden oder der genossenen Nahrungsmittel ihren Grund haben.

Deshalb ist sie auch in manchen Schäfereien, wo Winde und Futter ihre Entwickelung begünstigen, mehr oder weniger einheimisch, mithin gleichsam fortdauernd. Die Ursachen ihrer Entstehung mögen aber sein, welche sie wollen, so ist sie doch in keinem Falle ansteckend.

Eine Eigenthümlichkeit, durch welche die Bleichsucht von allen anderen Krankheiten sich unterscheidet, ist diese, daß kein einziges, von derselben ergriffenes Thier anders als durch menschlichen Beistand von derselben geheilt werden kann, indem keinem einzigen Thiere von der Natur Kräfte genug gegeben sind, um diese Krankheit durch sich selbst zu besiegen. Dies ist denn auch die Ursache, daß — wie leider Beispiele genug bekannt sind, — ganze große Heerden bis zum letzten Stücke als eine Beute dieser Krankheit fallen; und aus demselben Grunde ist sie denn auch jederzeit als eine fast immer völlig unheilbare Krankheit betrachtet worden.

So höchst bösartig nun aber auch die Bleichsucht an und für sich ist, so ist sie doch auch grade eine von den Krankheiten, über welche die ärztliche Kunst des Menschen jetzt die meiste Gewalt erlangt hat; denn, wenn sie dem vorher Gesagten zufolge ein jedes davon ergriffene Thier, dem der menschliche Beistand fehlt, früher oder später ohnfehlbar tödtet, so ist dies dagegen höchst selten, ich möchte beinahe sagen, nie, der Fall bei denjenigen, welchen die ärztliche Hülfe zur rechten Zeit zu Theil wird.

Der Hauptgrund des Uebels besteht in einer scharfen Wässrigkeit, welche durch den Genuß von Nahrungsmitteln, die entweder an und für sich eine schädliche Beschaffenheit haben, oder auch durch Zufall für die Thiere ungesund geworden sind, in dem Körper derselben erzeugt wird. Durch diese Wässrigkeit wird derselbe nach und nach so angefüllt, daß das an sich schon so schlaffe Gefäßsystem des Schafviehs in noch größere Erschlaffung verfällt.

Ein allmähliges und zuletzt gänzliches Verderben der Lymphe, in welche die oben genannte scharfe Wässrigkeit gleichsam mit Gewalt eindringt, ist der hauptsächlichste Nachtheil, den dieselbe veranlaßt. Dieser edle Körpersaft wird nach Maaßgabe dessen, wie die Wässrigkeit sich ihm beimischt, selbst zähe und fressend, und in diesem Zustande unfähig, das Blut, zu dessen Ernährung und Erhaltung die Lymphe von der Natur bestimmt ist, mit den hiezu nöthigen Bestandtheilen zu versorgen. Indem nun dem Blute das, was dasselbe durch den Gang der Lebensverrichtungen nach und nach verliert, nicht aus der Lymphe ersetzt wird, so muß nothwendig seine Masse abnehmen. Daraus entsteht denn ein Verengern der Blutgefäße, folglich ein Verringern der Raschheit seines Umlaufs und seiner Wärme, welches den nachtheiligsten Einfluß auf sämmtliche Verrichtungen des Körpers, besonders aber auf die Geschäfte der Verdauung ausübt.

Ihr findet bei den an dieser Krankheit gestorbenen Thieren das ganze Zellgewebe von einer fressenden Feuchtigkeit durchdrungen und aufgeschwellt; das Fett an den Eingeweiden und Gedärmen, und die ersteren selbst, sämmtlich entfärbt, ihre Masse gleichsam zerbeizt, und ebenso auch das Fleisch der Muskeln, welches überdem noch ein bläuliches Aussehen hat. Die Leber findet Ihr sehr erschlafft, und von Galle entleert, weshalb denn auch die Nahrungsmittel, welche in den Euch beschriebenen Magenbehältern enthalten sind, sich in einem fast rohen Zustande befinden. Die Zunge, der Schlund, die Luftröhre, so wie auch alle Theile der Maulhöhle sind gänzlich bleich, und mehr oder weniger aufgeschwollen. Sogar das Gehirn mit seinen Häuten, so wie auch das Rückenmark und alle Nerven findet man in einem gleichsam zerbeizten Zustande. Auch die Flechsen und Bänder, ja selbst die Knochen, zeigen manche Spuren erlittener Angriffe. Dagegen findet man die Milz und das Gekröse immer am wenigsten, ja bei manchen Thieren beinahe gar nicht, angegriffen.

Sehr merkwürdig ist es, daß die Körper der an dieser Krankheit gestorbenen Thiere bei ihrer Oeffnung, selbst wenn diese auch sogleich nach erfolgtem Tode unternommen ist, einen sehr stinkenden Dunst von sich geben, obgleich kein einziges der Eingeweide Spuren von wirklicher Fäulniß zeigt. Dies ist auch wahrscheinlich die Ursache, daß diese Krankheit auch die Fäule oder das Fäulschwerden genannt wird.

Was die Entstehungs-Ursachen der Bleichsucht betrifft, so entspringt diese Krankheit, wie schon vorn gesagt, aus einem zu häufigen Genuß von Nahrungsmitteln, welche die zur Erzeugung derselben geeigneten Bestandtheile entweder von Natur schon enthalten, oder auch dieselben erst durch die Jahreszeit oder die Behandlung bekommen.

Zu denjenigen Gewächsen, welche den die Bleichsucht erzeugenden Stoff von Natur in sich haben, gehören, mit wenigen Ausnahmen alle Gräser und Kräuter, die auf Torf-, Sumpf- und Moorboden wachsen, oder auch auf Niederungen, die durch Zusammenlaufen von Regen- oder Schneewasser oder durch Ueberschwemmungen unter Wasser gesetzt waren.

Die Schädlichkeit solcher Gewächse für die Gesundheit der Schafe habe ich Euch schon im Allgemeinen geschildert, als wir über die Ernährung der Schafe auf der Weide sprachen.

Zu denjenigen Gewächsen, welche durch Jahreszeit oder Behandlung den die Bleichsucht erzeugenden Stoff erst erhalten, sind alle diejenigen zu rechnen, welche, wenn sie auch an und für sich die gesundesten und gedeihlichsten sind, durch häufigen Regen, oder auch durch Thau, Reif, Schnee u. s. w. oder auch durch nachlässige Aufbewahrung, schädlich gemacht werden.

Sehr gefährlich in Hinsicht auf die Erzeugung der Bleichsucht ist es, wenn Ihr Eure Heerde, vielleicht wegen Mangel an gesunden Weideplätzen, auch wol aus Unkunde oder gar aus Nachlässigkeit, auf tiefliegenden, der Ueberschwemmung ausgesetzt gewesenen und auch auf feuchtliegenden quellreichen Stellen fortwährend weidet, und zwar besonders zur Herbstzeit, bei anhaltend trübem und regnigem Wetter. Auf solchen Weiden, zu welchen auch die sauren und nassen Wiesen gehören, bekömmt das Vieh ein Futter, welches nicht nur zu wässrig, sondern auch zugleich sehr arm an wahren Nahrungstheilen ist; wodurch denn ein Sinken der Kräfte, mithin Schwäche der Verdauungs-Werkzeuge, und dadurch in denselben ein kraftloser Zustand entsteht, der es nicht vermag, die lymphatischen Gefäße gegen ein zu heftiges Eindringen der schädlichen Wässrigkeit zu schützen und das Verderben der Lymphe abzuwenden.

In solchen Fällen wird das Uebel um so gefährlicher, weil es nur sehr langsam fortschreitet und also für Euch nicht eher bemerkbar wird, als wenn es schon zu einem sehr hohen Grade angewachsen ist, und die ganze Heerde ergriffen hat. Selbst das sofortige Zurückhalten der Heerde von der schädlichen Weide kann sie dann nicht mehr gegen gänzliches Verderben schützen, weil, wie ich Euch gesagt, kein einziges von dieser Krankheit ergriffenes Thier von selbst, sondern nur durch zur rechten Zeit angewandte menschliche Hülfe, seine Gesundheit wieder erlangt. Allein in solchen Fällen kommt auch in der Regel der kräftigste Beistand bei den meisten Kranken zu spät, und der größte Theil der Heerde wird für seinen Besitzer verloren gehen.

Diese Krankheit zeigt sich auch sehr gefährlich, wenn sie durch ein lange anhaltendes Regenwetter hervorgerufen wird — denn in solchen Fällen überlistet sie gleichsam den Menschen, und ist vermögend in einem Zeitraum von wenigen Wochen große Heerden zu vernichten. Deshalb müßt Ihr denn auch bei solchem Wetter auf Eure Heerde sehr aufmerksam sein, damit sie keinen Schaden leidet.

Es ereignet sich nämlich oft in den schönsten Sommertagen, daß ein kaltes Regenwetter eintritt, welches mehrere Wochen anhält, so daß die abzuweidenden Gräser und Pflanzen nicht ein einziges Mal abtrocknen, und folglich nicht nur in ihrem Innern mit wässrigen Säften überfüllt werden, sondern auch äußerlich mit Wasser ganz überdeckt sind; also den Thieren, die nichts anderes zu fressen haben, ein höchst nachtheiliges Uebermaaß von Wässrigkeit beibringen.

Eine solche Witterung bringt nun nicht allein die innere Körper-Verfassung der Thiere in Unordnung, sondern dieselbe wirkt auch äußerlich auf mancherlei Weise schädlich ein. Sie zieht sich in den Pelz des Thiers, macht die Haut schlaff, bewirkt durch ihre Kälte ein Verengern der Ausdünstungs-Gefäße, und trägt zugleich sehr viel zur Verringerung der Blutwärme bei, welches dem Körper so verderblich ist. Diese äußeren Angriffe auf den Körper des Thiers sind auch zuverlässig die Hauptursache, daß die durch obige Veranlassung entstehende Bleichsucht mit so unglaublicher Schnelligkeit die Heerden vernichtet, wenn ihr durch Aufmerksamkeit nicht vorgebeugt wird.

Ganz anders und zugleich weniger mörderisch zeigt sich die Krankheit, wenn sie durch zu vieles Weiden auf stark bethauten Feldern bei einer Heerde hervorgebracht ist. Es kann zwar in solch einem Falle eben auch die ganze Heerde ergriffen werden, jedoch sind die Fortschritte dann weit langsamer, so daß Euch das Uebel Zeit genug läßt, Eure durch Unkunde oder Unachtsamkeit begangenen Fehler einigermaßen zu verbessern, und dem Fortschreiten der Krankheit ein Ende zu machen.

Auch das Weiden auf stark bereiften oder auch wol etwas mit Schnee bedeckten Wintersaatfeldern kann, wenn es zu häufig geschieht, das Entstehen der Bleichsucht veranlassen. Sie wird in diesem Falle dadurch erzeugt, daß von den vielen Eistheilen, welche die Thiere bei solch einem Genusse mit verschlucken, die Verdauungs-Werkzeuge sehr erkältet, und dadurch unfähig gemacht werden, die empfangenen Nahrungsmittel gehörig zu verarbeiten. Dieses hat denn zur Folge, daß die eigentliche Nahrung (die feineren edleren Theile der genossenen Nahrungsmittel) sich nicht hinlänglich absondert, wodurch diejenige Körperschwäche veranlaßt wird, welche als die Hauptursache der Bleichsucht zu betrachten ist.

In den beiden, eben beschriebenen Fällen ist die Krankheit übrigens nicht so verheerend, als sie sich gewöhnlich in den beiden zuvor beschriebenen zeigt. Denn Thau und Reif pflegen gewöhnlich gegen Mittag hin zu verschwinden, und ebenso auch bei gelinderer Witterung der in geringer Menge gefallene Schnee. Da nun die Thiere doch mehrere Stunden des Tages, wenn auch nicht grade trockenes, doch wenigstens nicht unmittelbar schädliches Futter genießen; ein jeder Schäfer auch wol so bedächtig sein wird, seinen Schafen, bevor er auf die Saat treibt, ein Strohfutter zu geben, ihr Körper auch nicht von außen auf so nachtheilige Weise angegriffen wird, wie bei einem langdauernden Regenwetter: so ist die thierische Natur in diesem Falle mehr im Stande, dem Verderben der Körpersäfte entgegen zu wirken.

Aus den oben angeführten Gründen werden auch dergleichen Heerden nie im Allgemeinen, sondern nur in einzelnen Thieren von der Krankheit ergriffen, und zwar, wie Ihr Euch dies leicht denken könnt, auch nur solche, die sich schon in einem schwächlichen Körperzustande befinden, oder in denen schon eine Geneigtheit zur Bleichsucht vorhanden ist.

Das letztere ist auch der Fall, wenn Ihr Eurer Heerde bei der Winterfütterung verdorbnes Futter gebt, bestehe dasselbe nun in durch schlechte Eingewinnung oder verwahrloste

Aufbewahrung verdorbenem Heu oder Stroh, oder in verfaulten Kartoffeln.

Die aus obigen Ursachen in Eurer Heerde erzeugte Bleichsucht ist aber deshalb oft so sehr schadenbringend, weil sie eben nur einzelne Thiere befällt, deren Kranksein Ihr in einer großen Heerde erst oft so spät bemerkt, daß keine Heilung mehr möglich, und sie alle dem Tode verfallen sind.

Wenn wir nun alles, was ich Euch bisher über die Entstehungs-Ursachen der Bleichsucht gesagt, und weitläufig auseinandergesetzt habe, in wenige Worte zusammenfassen, so entsteht die Bleichsucht:

1) durch einen zu häufigen Genuß saurer, auf sumpfigem oder Moorboden stehender Gewächse;
2) durch Kräuter, die durch häufigen Regen, Thau, Reif oder Schnee schädlich geworden sind;
3) durch das Hüten der Schafe bei fortwährendem Regen;
4) durch verdorbenes Winterfutter.

Was nun die Regeln zur Verhütung dieser Krankheit betrifft, so sind dieselben schon in den oben angegebenen Entstehungsursachen derselben enthalten, und werdet Ihr gewiß wenig von derselben zu befürchten haben, wenn Ihr immer das genau beobachtet, was ich Euch über die Ernährung der Schafe auf der Weide gesagt habe.

Nachdem ich Euch mit dem Wesen der Bleichsucht und ihren Entstehungs-Ursachen bekannt gemacht habe, wollen wir über die Kennzeichen dieser Krankheit sprechen.

Wegen der Bestimmtheit, durch welche sich dieselbe vor allen andern Krankheiten auszeichnet, kann man hinsichtlich ihrer Kennzeichen und ihres Ganges drei Perioden oder Stufenfolgen annehmen. Es gewährt diese Eintheilung etwas sehr vortheilhaftes, sowol zur richtigen Beurtheilung der Krankheit, als auch für die zweckmäßige Behandlung der von derselben ergriffenen Thiere.

Die Kennzeichen des Eintritts oder der ersten Periode der Krankheit sind nur gering und daher nur einem geübten Auge sichtbar. Sie bestehen in Folgendem:

An den von der Bleichsucht ergriffenen Thieren bemerkt Ihr eine besondere Art von Traurigkeit oder vielmehr Schwermüthigkeit. Die Augenlieder bekommen an ihren Ansetzungen eine geringe, sehr weiche und bleifarbene Anschwellung, welche in manchen Gegenden das Fettauge genannt wird. Die verbindende Augenhaut oder sogenannte Vogelhaut, die im gesunden Zustande — wenn man die Augen so dreht, daß sie zum Vorschein kommen muß — ein röthliches Ansehen hat, wird bleich; die Zunge, der Gaumen, das Zahnfleisch, die inwendige Seite der Backen und Lippen verlieren etwas von ihrer in gesundem Zustande lebhaften Röthe; auch wird die Zunge an ihrem hinteren Theile, oder dem sogenannten Zungengrunde, etwas aufgetrieben.

Die so bekannte fettige oder vielmehr ölige Feuchtigkeit, welche im gesunden Zustande des Schafs an seinem ganzen Leibe ausschwitzt, und hauptsächlich am Bauche und da, wo mit demselben die inwendige Seite der Lenden sich vereinigt, fängt an, sich zu verringern, auch bemerkt man eine kleine Erhöhung in der Gegend der Hüften. Die Freßlust sowol als das Wiederkäuen, desgleichen der Mist- und Harn-Abgang sind übrigens in dieser Periode noch völlig, wie im gesunden Zustande.

Früher oder später, je nachdem die Krankheit aus der einen oder der anderen der bekannten Ursachen entstanden ist, werden die Kennzeichen derselben bedeutender, und dieses Zunehmen bildet dann den Anfang der zweiten Periode. Der Eintritt derselben macht sich durch folgende Kennzeichen bemerklich:

1) die oben bemerkte fettige Ausschwitzung verringert sich auffallend;

2) die Körperhaut verliert den größten Theil ihrer sonst natürlichen Röthe;

3) das Festsitzen der Wolle verringert sich und ihre bisherige Geschmeidigkeit geht in Sprödigkeit über;

4) die bei der ersten Periode schon bemerkte Erhöhung in der Hüftengegend vermehrt sich und nimmt von nun an mit jedem Tage zu, und

5) auch unterhalb der hinteren oder unteren Kinnbacken läßt sich etwas Anschwellung bemerken.

Alle diese Erscheinungen geben den deutlichsten Beweis davon, daß die Lebens-Verrichtungen der Thiere nun schon sehr beschränkt sind. Noch mehr aber geht dies daraus hervor, daß das Wiederkäuen, als eines der nothwendigsten Naturgeschäfte der wiederkäuenden Thiere, nun wirklich abnimmt, obwol die Freßlust noch natürlich zu sein scheint. Aus einer nun auch eintretenden Mattigkeit der Herzschläge ergiebt sich eine Verringerung der Blutmasse; der Harn geht zwar weit öfter ab, als im gesunden Zustande, aber nicht in genugsamer Menge; bei den meisten Kranken findet sich auch etwas Leibesverstopfung ein.

Die Kennzeichen der dritten Periode sind am deutlichsten. Die Anschwellung unter den Kinnbacken vermehrt sich zusehends, und zwar so sehr, daß sie innerhalb 6 bis 7 Tagen, zuweilen auch noch früher, den ganzen Kopf der Kranken überzieht, und diejenige Anschwellung bildet, welche viele Schäfer die Flasche nennen. Diese Geschwulst ist weich und kalt, und dem Thiere nie schmerzhaft. Auch ist sie in der ersten Zeit ihres Erscheinens nicht bleibend, sondern zeigt sich nur am Tage, und je nachdem die Kranken in Bewegung gesetzt werden, oder lange auf der Weide sich befinden; dahingegen sie bei nächtlicher Ruhe immer wieder mehr oder weniger verschwindet.

Mit dem vermehrten Aufschwellen des Kopfes verringert sich die vorher bemerkte Aufgetriebenheit der Hüften und zwar so, daß in dem Maaße, wie die erstere sich vermehrt, die letztere sich vermindert. Auch jetzt noch fällt die Kopfgeschwulst während der nächtlichen Ruhe, jedoch in immer geringerem Grade. Mit der äußeren Anschwellung des Kopfes werden auch die Theile der Maulhöhle, nämlich die Zunge, der Gaumen, das Zahnfleisch u. s. w. sehr aufgetrieben und zugleich völlig bleich; dahingegen verfällt der ganze übrige Körper in eine Art von gänzlicher Abmagerung.

Kranke, bei denen das Uebel bis zu dieser Höhe gestiegen ist, nehmen in der Regel nicht die mindeste Nahrung mehr, auch hört bei ihnen das Wiederkäuen auf; dagegen trinken sie viel und oft, jedoch steht der Abgang des Harns mit dem vielen Trinken in keinem Verhältniß und ist derselbe auch immer ganz durchsichtig und wenig gefärbt. Die natürliche Folge dieses Zustandes ist ein immer tieferes Sinken der Lebenskräfte, weshalb das Thier auch beständig eine so große Neigung zum Liegen zeigt, daß es nur durch harte Behandlung zum Aufstehen gebracht werden kann. Ein schleimiger Ausfluß aus der Nase und ein Mattwerden und Thränen der Augen, vereinigt mit sehr dünn abgehendem übelriechendem Mist, sind die Verkündiger des herannahenden Todes, dessen Näherkommen besonders dadurch bemerkbar wird, daß auch die Kopfgeschwulst nun allmählig verschwindet, der Bauch dagegen aufschwillt. Es stellen sich darauf Verzuckungen ein, unter denen das Thier endlich stirbt.

Nachdem ich Euch nun mit den Entstehungs-Ursachen und den Kennzeichen der Bleichsucht bekannt gemacht habe, wollen wir über die Heilung derselben sprechen.

Das erste, was bei der Behandlung einer jeden Krankheit, welche aus dem Genuß schädlicher Futtermittel entstanden ist, geschehen muß, ist das Entziehen dieser Futtermittel, um den Körper des erkrankten Thiers von den verderblichen Einwirkungen derselben zu befreien. Ihr müßt deshalb bei Erforschung der Entstehungs-Ursachen des Krankheits-Zustandes Eurer Heerde, Eure Aufmerksamkeit immer zuerst auf die Futtermittel richten, und dürft, wenn Ihr etwas offenbar Schädliches in oder an denselben findet, sie durchaus nicht ferner gebrauchen, wenn Ihr die Krankheit heilen, und ihrer Weiterverbreitung vorbeugen wollt. Diese Vorsicht wird sehr häufig und selbst von Thierärzten vernachlässigt, und ist es dann gar nicht zu verwundern, daß die kranken Thiere nicht geheilt, und das Umsichgreifen derselben verhindert wird, da durch solche Unachtsamkeit die Quelle des Uebels offen bleibt.

Es ist eine bekannte Sache, daß die zur Sommerzeit bei den Schafen erscheinenden Krankheiten in sehr vielen Fällen ohne allen Arzneigebrauch geheilt werden können, wenn Ihr die grüne Fütterung mit einer trockenen vertauscht. Bei der Bleichsucht ist dieser Futterwechsel eins der sichersten Mittel, diese Seuche sogleich bei ihrem Erscheinen in der Heerde zu unterdrücken, und also gleich in der Geburt zu ersticken. Aus dem Nachfolgenden werdet Ihr jedoch ersehen, daß unter diesem Futterwechsel nicht ein gänzliches Einstellen des Weidegangs gemeint ist, daß dies keineswegs nöthig, ja selbst nicht einmal gut ist.

Wie ich Euch vorn gesagt habe ist das Leiden, welches die Bleichsucht dem thierischen Körper in der ersten Periode verursacht, nur unbedeutend, weshalb es auch zur ihrer Heilung nur einfacher Mittel bedarf. Um Euch das Heilverfahren in dieser ersten Periode auf eine möglichst faßliche Weise darzustellen, denkt Euch einmal die Bleichsucht aus derjenigen Ursache entstanden, durch welche sie am meisten sichtbar wird und auch am schnellsten fortschreitet, nämlich — in Folge eines lange anhaltenden und kalten Regenwetters — in welchem Falle

Ihr dann folgende Maaßregeln zu ihrer Heilung anzuwenden hättet:

1) werden die Kennzeichen des Eintretens dieser Krankheit in Eurer Heerde sichtbar, so muß dieselbe, wenn sie etwa vorher die Nächte in den Hürden gelegen hätte, sogleich daraus zurückbleiben, und in den Stall gebracht werden, nachdem derselbe jedoch vorher ausgemistet und mit einer frischen Streu reichlich versehen worden. Das Ausmisten ist deshalb nothwendig, weil die einzuathmende Stallluft für die Thiere möglichst rein und gesund erhalten werden muß; und eine reinliche frische Streu eignet sich am besten dazu, den Thieren am schnellsten zum Wiedererlangen der verlorenen Körperwärme zu verhelfen;

2) müssen die Thiere solches Futter bekommen, welches dahin wirkt, die in ihrem Körper entstandenen Unordnungen zu verdrängen, und sind hierzu gute mehlreiche Getreidekörner das sicherste Mittel. Diese haben, in mäßigen Gaben gereicht, auf den Körper der Schafe einen sehr wohlthätigen Einfluß, besonders aber eine den Wirkungen der Bleichsucht vortrefflich widerstrebende Eigenschaft, indem sie die Verdauungswerkzeuge stärken und erwärmen, dadurch die Verdauung befördern, und die Masse und den Gehalt des Bluts vermehren.

Besonders gut ist es, den kranken Thieren die Körnernahrung in Garben zu verabreichen, und zwar gleich täglich des Morgens. Dies ist ihnen deshalb vortheilhaft, weil sie mit den Körnern zugleich etwas Stroh fressen, welches dann in dem Pansen das Futter locker erhält, und dadurch das Wiederkäuen befördert. Das Verabreichen dieses Futters aber gleich am frühen Morgen hat den Vortheil, daß dadurch die Verdauungswerkzeuge zur richtigen Verarbeitung anderer Nahrungsmittel gehörig vorbereitet werden.

3) Müßt Ihr den erkrankten Thieren auch ein dem obigen Heilverfahren angemessenes Getränk bereiten, und zwar auf

folgende Weise: Ihr nehmt 18 bis 20 Pfd. reines Wasser und mischet in dasselbe 1 Pfd. guten Essig; dann nehmt Ihr altes rostiges Eisen, reinigt dasselbe von etwanigem Schmutze, und werft es dann in das auf obige Art bereitete Wasser. Hierin lasset Ihr es etwa dreißig Stunden liegen, rühret die Flüssigkeit einige Male gut durcheinander, wobei das hineingeworfene Eisen mit umgerührt werden muß, und gebt es den Thieren zu saufen. Der auf diese Weise erzeugte und der Flüssigkeit mit beigemischte Eisenrost besitzt die Eigenschaft auf die Verdauungswerkzeuge, so wie auf das erschlaffte Fasern- und Fibernsystem der erkrankten Thiere heilsam zu wirken, wodurch er denn auch den Blutumlauf befördert, und dadurch zur Vermehrung der Körperwärme beiträgt. Deshalb müßt Ihr auch, um dieses Getränk recht wirksam zu machen, so viel rostiges Eisen in die Mischung legen, daß dieselbe nach Verlauf von 30 Stunden eine röthliche Farbe bekommt.

Da es sehr nöthig ist, die Heerde, sogleich wenn die Kennzeichen der eingetretenen Krankheit bemerkbar werden, von der Weide hinweg und zum Stalle zu bringen, auch mit trockenem Futter zu ernähren und ihr obiges Getränk zu geben, dasselbe aber vielleicht erst am dritten Tage das wird, was es sein soll: so müßt Ihr Euch zum vorläufigen Gebrauch ein Getränk aus Wasser und Eisenvitriol bereiten, und zwar so, daß $\frac{1}{4}$ Pfd. Eisenvitriol in 20 Pfd. Wasser aufgelöst wird. Sobald aber der zuerst beschriebene Trank seine gehörige Farbe bekommen hat, gebet Ihr diesen statt des vorigen, weshalb Ihr Euch auch denselben immer von einem Tage zum anderen vorräthig zubereiten müßt.

Bei der hier angegebenen Verpflegung der kranken Thiere ist es sehr vortheilhaft, dieselben täglich etwa 3 bis 4 Stunden auf die Weide zu führen, und sie dort nach Gefallen fressen zu lassen; jedoch blos auf hochliegenden Stellen, oder auf Brach- und Stoppelfeldern. Die Stunden von 1 bis 4 Uhr

Nachmittags sind im Herbst und Frühjahr die besten und zweckmäßigsten zu diesem Weidegange. Es ist den kranken Thieren äußerst zuträglich, wenn dieselben aus der Stallluft ins Freie gebracht werden, und ihnen durch das Gehen Leibesbewegung verschafft wird, weshalb Ihr auch hiezu jeden einigermaßen günstigen Tag benutzen müßt.

Bei einem solchen Weidegange müßt Ihr nun aber auch dafür sorgen, daß die Thiere, so lange sie sich im Freien befinden, auf keine Weise etwas zu trinken bekommen, und zwar deshalb, damit dieselben, wenn sie nach dem Stalle zurückkommen, durch Durst genöthigt werden von dem für sie bereiteten Getränk zu saufen.

Wenn Ihr das vorgeschriebene Heilverfahren genau beobachtet, so könnt Ihr mit Zuversicht darauf rechnen, daß nicht nur den Fortschritten des Uebels sogleich Einhalt gethan wird, sondern daß dasselbe auch binnen 8 Tagen aus der ganzen Heerde völlig verschwunden sein wird.

Bei Behandlung derjenigen Kranken, bei denen schon die Kennzeichen der zweiten Periode der Bleichsucht eingetreten sind, könnt Ihr zwar die für die erste Periode vorgeschriebenen Mittel gleichfalls anwenden, jedoch müßt Ihr denselben noch folgende hinzufügen:

Ihr nehmt Blätter von irgend einem gewürzhaften Kraute, als Melisse, Spike, Salbei u. s. w., im frischen Zustande 2 Hände voll, getrocknet die Hälfte, 4 Loth getrocknete Wachholderbeeren, 2 Loth gepulverten Alaun und ½ Pfd. Asche von hartem nicht im Wasser gewesenen Holze. Alles dies thut Ihr zusammen in einen Topf, fügt 8 Loth Küchensalz hinzu, und gießt 6 Pfd. heißes Wasser darauf, welches dann zugedeckt etwa 12 Stunden lang weichen und ziehen muß. Darauf gießt Ihr die Flüssigkeit durch ein Tuch, ohne jedoch den Rückstand auszudrücken.

Von diesem Aufgusse gebt Ihr einem jeden kranken Thiere

alle Morgen vor der Fütterung ein gutes Weinglas voll, und zwar auf die Weise, daß Ihr die genannte Gabe in eine kleine mit einem langen Hals versehene Flasche gießt, und den Kopf des Thieres etwas in die Höhe hebt, die Mündung der Flasche behutsam in den Schlund bringt, und so den Trank hinunterlaufen laßt.

Für Jährlinge ist die Hälfte der vorgeschriebenen Gabe hinreichend.

Dies eben beschriebene Eingeben setzt Ihr so lange fort, bis Ihr deutlich sehet, daß die Anschwellung der Zunge sich verloren, und das Innere des Mauls seine natürliche Röthe wieder bekommen hat, welches spätestens in 5 bis 6 Tagen erfolgen muß; dann höret Ihr zwar mit dem Eingeben auf, behaltet aber die für die erste Periode vorgeschriebene Behandlung bei.

Habt Ihr nun aber die nöthige Vorsicht und Aufmerksamkeit unterlassen, und die Anwendung von Heilmitteln verabsäumt, hat also die Krankheit ihren höchsten Grad, die dritte Periode, erreicht, so daß schon wirkliche Wassersucht eingetreten ist, so dürft Ihr nur selten noch von Anwendung von Arzneimitteln Rettung hoffen. Die Körperkräfte der erkrankten Thiere sind schon zu geschwächt, als daß sie noch Nahrungs- oder Arzneimittel in gehöriger Menge zu sich nehmen und verdauen könnten.

Folgendes Mittel hat zuweilen noch Hülfe gebracht:

Ihr nehmt Eichenrinde und Weidenrinde von jungen Zweigen, desgleichen kleines Tausendgüldenkraut und Enzianwurzel, von jedem getrocknet 5 Loth (in frischem Zustande das Doppelte), und 2 Loth Eisenvitriol. Dieses thut Ihr, nachdem Ihr die Wurzeln und Rinden zerstoßen und zerkleinert habt, in einen Topf, gießet 4 Pfd. kochendes Wasser darauf und lasset den Topf gut zugedeckt bis zum folgenden Morgen stehen; dann gießet Ihr die Flüssigkeit durch ein Tuch, drückt den Rückstand der Masse aus, und thut zu dem Ganzen 2 Loth Salmiak und 4 Loth Kampher. Letzterer muß jedoch zuvor in 6 Loth Spiritus aufgelöst werden.

Von der Mischung, welche auf 12 Kranke berechnet ist, gebt Ihr, nachdem sie gut umgerührt worden, einem jeden Thiere alle Morgen vor der Fütterung den zwölften Theil auf die vorher beschriebene Weise. Nach einigen Tagen wird nun entweder Besserung eintreten, wo Ihr dann Hoffnung habt, die erkrankten Thiere wieder herzustellen, oder die Krankheit wird im Zunehmen bleiben, in welchem Falle es dann das Beste ist, die kranken Thiere zu schlachten, um nicht unnützes Futter an dieselben zu verschwenden.

Ich habe mich so weitläufig über die Bleichsucht ausgesprochen, weil es diejenige Krankheit ist, welcher größtentheils durch Eure Umsicht und Aufmerksamkeit vorgebeugt werden kann, welche Euch aber auch zeigt, wie gefährlich und verheerend sie in Heerden wirken kann, wo der Schäfer nicht aufmerksam ist, und die Regeln, welche uns die Erfahrung über den Weidegang und die Winterfütterung der Schafe gelehrt hat, nicht genau befolgt.

Ich wiederhole daher hier meine früheren Ermahnungen, und hoffe, daß Euch die Lehre von der Entstehung der Bleichsucht noch mehr darin bestärken wird: immer pünktlich in Erfüllung Eurer Pflichten zu sein, und stets zu bedenken, daß wir uns bemühen müssen, durch Haltung und Wartung so für die Gesundheit der Schafe zu sorgen, daß wir dadurch dem Ausbrechen von Krankheiten unter denselben vorbeugen; da es immer sehr schwierig, ja oft unmöglich ist, krankgewordene Schafe gründlich zu heilen, weil die krankgewordenen Thiere in der Regel erst dann entdeckt werden, wenn die Krankheit schon einen zu hohen Grad erreicht hat, als daß die vorgeschriebenen Heilmittel noch gehörig wirken könnten.

5. Die Egelkrankheit.

Viele Schäfer sind der Meinung, daß Egelkrankheit und Bleichsucht eine und dieselbe Krankheit sei; dies ist aber ein Irrthum. Daß man in den Lebern der an der Bleichsucht gestorbenen Thiere häufig dieselben Krankheitszeichen findet, wie bei den an der Egelkrankheit gestorbenen Thieren, ist richtig, und eben so wahr ist es, daß sehr viele an der Egelkrankheit leidende Thiere ihr Leben ganz in einem der Bleichsucht ähnlichen Zustande enden. Alles dies berechtigt uns aber nicht, beide Krankheiten für eine und dieselbe zu halten, sondern die Unrichtigkeit dieser Meinung läßt sich schon allein hierdurch darthun, daß die Egelkrankheit sich nur bei jungen Thieren, uud zwar bis zu ihrem vollendeten zweiten Jahre, äußerst selten aber bei älteren Thieren, zeigt; die Bleichsucht dagegen, wenn sie seuchenartig erscheint, alles ohne Unterschied des Alters hinrafft.

Die Egelkrankheit ist in ihrem ersten Beginnen sehr schwer zu erkennen, und da sie in ihrer Entwickelung auch nur langsam vorschreitet, so ist sie sehr zu fürchten.

Sie zeigt hauptsächlich folgende Krankheitszeichen:

Das Thier verliert allmählig seine gewöhnliche Munterkeit, ohne jedoch dem Aeußeren nach schlechter auszusehen; es wird träge, matt und traurig, läßt Kopf und Ohren hängen, und bleibt bei etwas schnellerem Forttreiben der Heerde häufig hinter derselben zurück. Es legt sich oft nieder, leistet dem Angreifen und Festhalten wenig Widerstand und verliert die Freßlust, wobei es jedoch eher zu als abzunehmen scheint. Die Augen werden allmählig matt und trübe, die Bindehaut, so wie das Zahnfleisch, die Zunge und die Haut unter der gescheitelten Wolle werden bleich, und die letztere verliert ihre Elastizität, und läßt sich leicht ausziehen. Aus Augen und Nase sondert sich häufig Schleim ab, und aus dem Maule fließt ein schmutziger Speichel, von welchem die welke fahle Zunge ziemlich stark bedeckt erscheint. Das Athmen wird beschwerlicher, das Thier kraftloser, und mit Abmagerung des ganzen Körpers zeigt sich Anschwellung des Hinterleibes, namentlich auf der rechten Seite. Die Freßlust schwindet immer mehr, dagegen ist der Durst groß. Endlich tritt Durchfall und Faulfieber ein; der Athem wird übelriechend; das Thier liegt meist bewegungslos, und bleibt in der Lage, welche man demselben giebt, wegen großer Schwäche liegen, und der Tod erfolgt unter den Zeichen eines allgemeinen Verlöschens des Lebens.

Bei der Oeffnung des Körpers der gestorbenen Thiere zeigt sich das Zellengewebe im hohen Grade wassersüchtig aufgetrieben, das Blut ist sehr wässrig, und in der Brust- und Bauchhöhle finden sich häufig Wasseransammlungen. Die Lunge und alle übrigen Eingeweide sind bleich und blutleer, und das Herz ist schlaff und welk. An der Leber zeigen sich die meisten krankhaften Veränderungen. Dieselbe ist ungleich größer und schwerer, als im gesunden Zustande, dabei auch sehr mürbe und zerreißbar, von erdfahler oder bleigrauer Farbe, und auf ihrer Oberfläche mit Knoten und Wasserblasen besetzt. In der Leber, so wie in der Galle und den oftmals angeschwollenen und erweiterten Gallengängen findet sich eine große Menge von Egelschnecken und Leberegeln von verschiedener Farbe und Größe, an denen man gleich nach dem Tode des Thiers noch Leben und Bewegung bemerkt. Ehemals glaubte man, daß diese Würmer mit dem Futter oder mit faulem Wasser verschluckt würden, und hierdurch in die Leber gelangten; jetzt weiß man jedoch, daß die Egelschnecke sich eben so, wie andere Eingeweidewürmer, in dem krankhaften Körper des Thiers erzeugt, und die Krankheit des Thiers und endlich seinen Tod verursacht.

Da nun aber die Egelschnecken nur die Leber und die

Galle bewohnen, und diese nicht verlassen, so werdet Ihr fragen, wodurch sie im Stande sind, von hieraus die Gesundheit, und sogar das Leben der Thiere zu vernichten? Es geschieht dies auf folgende Weise:

Wie ich Euch gesagt habe, halten sich die Egelschnecken in der Leber, der Galle und den Gallengängen auf, und ernähren sich in denselben, indem sie von der in diesen Gefäßen sich sammelnden Galle zehren, und auf diese Weise dem Körper des Thiers einen Stoff rauben, der ihm zur Erhaltung des thierischen Lebens durchaus nothwendig oder vielmehr ganz unentbehrlich ist, und zwar aus folgenden Gründen:

Die in den Gefäßen sich sammelnde Galle fließt aus denselben in die Gallenblase zusammen; aus dieser geht sie durch eine mit einer Klappe versehene Röhre tropfenweis in den sogenannten Zwölffingerdarm; hier dringt sie in die, aus der vierten Magenabtheilung oder dem eigentlichen Verdauungsmagen (Lab) durch den ebengenannten Darm hindurchgehenden, völlig verdauten Nahrungsmittel, und bewirkt durch ihre von der Natur bestimmte Eigenschaft, daß der in den Nahrungsmitteln befindliche wahre Nährstoff gehörig ausgeschieden werden kann. Je mehr Galle nun von den Egeln verzehrt wird, desto weniger kömmt zu dem eben beschriebenen Absonderungsgeschäft, und um so größer muß also auch der Nachtheil für den Körper des erkrankten Thieres sein, da ihm weniger Nährstoff zugeführt wird.

Wir haben also auch bei dieser Krankheit zweierlei zu berücksichtigen:

1) müssen wir den Körper des Schafs vor einem solchen krankhaften Zustand bewahren, der die Bildung der Egelschnecken in der Leber und der Galle des Thiers befördert, und

2) müssen wir versuchen, diejenigen Thiere, bei welchen die

Krankheit schon vorhanden ist, und die Egelschnecken sich erzeugt haben, zu heilen.

Die Krankheit wird eben so wie die Bleichsucht erzeugt, durch das Weiden auf einem sumpfigen üppigen Grasboden, besonders bei anhaltendem Regenwetter, oder in nassen Jahren überhaupt. Gesunde kräftige Thiere werden nicht von derselben befallen, wenn sie regelmäßig gehalten werden. Ihr müßt daher alles das beobachten, was ich Euch zur Vermeidung der Bleichsucht gerathen habe, wenn Ihr diese Krankheit von Eurer Heerde fern halten wollt.

Was nun die Heilung der schon von der Egelkrankheit befallenen Thiere betrifft, welche Ihr außer den schon angegebenen Zeichen auch daran erkennen könnt, daß sie in Hinsicht ihres Wachsthums und Gedeihens bedeutend hinter andern ihres Alters zurückbleiben, so ist dieselbe zuweilen durch folgende Mittel gelungen:

Ihr nehmt alle kranken Thiere aus der Heerde heraus (denn da zur Erzeugung dieser Krankheit das Vorhandensein eines krankhaften Zustandes des Körpers erforderlich ist, so wird nie die ganze Heerde, sondern nur mehrere oder wenigere Thiere von derselben befallen), und lasset sie allein auf den besten frei liegenden Weideplätzen weiden. Dann gebet Ihr ihnen Morgens und Abends pro Stück 4 Loth Getreideschrot, worunter 1 Loth geschnittene Knoblauchszwiebeln, und ½ Loth Salz gemengt ist. Nach einigen Tagen wird sich dann bald zeigen, bei welchen Thieren die Krankheit noch nicht solche Fortschritte gemacht hat, daß sie nicht durch obiges Mittel gerettet werden könnten. Bei den andern bleibt Euch dann freilich nichts übrig, als sie zu schlachten, ehe sie gänzlich abmagern.

6. Die Gelbsucht.

Diese Krankheit macht sich besonders dadurch kenntlich, daß zuerst die Augen und alle äußeren Theile des Kopfes gelb werden und anschwellen, und zuletzt auch die übrige Haut gelb wird, und die Anschwellung des Kopfs sich über den ganzen Körper verbreitet. Der Verlauf derselben ist sehr rasch, so daß selten ein von dieser Krankheit befallenes Thier vom Tode gerettet werden kann.

Früher kam diese Krankheit in unsern Gegenden nicht sehr häufig vor, seitdem man aber den Betrieb der Brennereien vergrößert und angefangen hat, die Schlempe in großer Menge für die Schafe zu verfüttern, stellt sie sich häufiger in unseren Schäfereien ein, und tritt dann gleich so heftig auf, daß selten die Heilung eines von der Gelbsucht befallenen Thieres gelingen wird, wenn dieselbe durch den Genuß von Schlempe entstanden ist.

Namentlich stellt sie sich sehr häufig in den Monaten April und Mai bei den tragenden Mutterschafen ein, wenn dieselben mit Schlempe genährt werden. Ich kann bei dieser Krankheit es Euch daher als ein Vorbeugungsmittel empfehlen, den Mutterschafen, wo dieselben mit Schlempe genährt werden, nie länger als höchstens 6 bis 8 Wochen vor Beginn der Lammzeit, wenn dieselbe etwa Mitte Juni beginnt, Schlempe zu verabreichen; sofern jedoch schon anfangs April eine sehr warme Witterung eintreten sollte, so muß die Schlempefütterung für die tragenden Mutterschafe sogleich aufhören.

Zuweilen, jedoch in seltneren Fällen und nur bei einzelnen Thieren, entsteht die Gelbsucht auch ohne Schlempefutter aus ähnlichen Veranlassungen wie die Bleichsucht. Ihr Verlauf ist dann nicht so rasch, sie ist nicht so gefährlich und es gelingt häufig, sie durch dieselben Mittel zu heilen, welche ich Euch bei Behandlung der Bleichsucht kennen gelehrt habe. Jedenfalls ist es durchaus nöthig, so wie sich diese Krankheit unter einem Theil Eurer Heerde zeigt, sogleich eine Veränderung des Futters eintreten zu lassen, und namentlich, wenn solche durch Schlempefütterung eingetreten sein sollte, mit derselben aufzuhören.

Es ist auch vorgeschlagen worden, die Gelbsucht dadurch zu heilen, daß man die am Kopfe sich einstellende Geschwulst an mehreren Stellen aufschneidet, die darin befindliche Feuchtigkeit herauslaufen läßt, und den an dieser Krankheit leidenden Thieren eine Kappe von mit Essig und Salz vermischtem Lehm auf dem Kopfe festbindet, um durch den Druck derselben zu verhindern, daß sich an diesen Theilen wieder Feuchtigkeiten ansammeln können. Ihr werdet wol einsehen, daß dieses Verfahren wenig Hülfe bringen kann, denn diese Anschwellung des Kopfes ist ja nicht die Krankheit selbst, sondern nur das äußere Zeichen eines im Innern des Thieres wirkenden Leidens, und nie kann ein solches inneres Leiden dadurch geheilt werden, daß man die äußeren Zeichen desselben zu beseitigen sucht, ohne die Entstehungs-Ursachen der Krankheit zu entfernen. Da aber bei der Gelbsucht in der Regel das innere Leiden durch die genossenen Nahrungsmittel und eine auf Veranlassung derselben gestörte Verdauung erzeugt wird, so kann die Heilung auch nur bewirkt werden, wenn Ihr solche Mittel anwendet, welche die Entstehungs-Ursachen der Krankheit zu beseitigen und die Verdauungs-Werkzeuge wieder zu stärken vermögen.

7. Die Blähsucht oder Trommelsucht.

Wenn die Schafe ohne gehörige Vorsicht von der trockenen Winterfütterung auf grüne Weiden kommen, oder überhaupt auf jungen Hedrich, üppigen Klee und solche Stellen, wo saftige junge Gräser wachsen, ferner in Getreidestoppeln, worin viele Aehren vorhanden oder die ausgefallenen Körner bei feuchter und warmer Witterung häufig aufgegangen sind, geweidet werden: so bekommen sie häufig die Trommelsucht. Das vorher ganz gesunde Thier hört plötzlich auf zu fressen, es steht traurig und still, käut nicht wieder, und läßt den Kopf sinken. Der Leib erscheint gespannt und aufgetrieben, besonders an der linken Seite, und giebt, wenn man dagegen schlägt, den Ton einer gespannten Trommel. Das Thier steht mit gekrümmtem Rücken, eng zusammengestellten Füßen und vom Leibe abwärts gehaltenem Schwanze. Die Augen sind starr und hervorgedrängt, das Athmen ist kurz und beschwerlich und geschieht mit weit geöffneten Nasenlöchern. Das Maul füllt sich mit schaumigem Geifer, und Mist und Urin sind unterdrückt. Die Aufblähung nimmt sichtlich und innerhalb weniger Stunden so sehr zu, daß das Thier unter ängstlichem Hin- und Hertrippeln taumelnd zusammenstürzt, worauf in der Regel ein schleuniger Tod folgt, indem entweder der Magen berstet, oder das Thier an Erstickung verendet.

Ihr könnt Euch diese Erscheinungen sehr leicht aus dem erklären, was ich Euch früher über die Beschaffenheit des Magens der wiederkäuenden Thiere gesagt habe, und zwar auf folgende Weise: Die Schafe haben, wie Ihr wißt, gleich allen wiederkäuenden Thieren die Gewohnheit, alles grüne, sowie auch alles sogenannte Rauhfutter beim Genuß desselben nur wenig zu zerkauen. Dergleichen Futter kommt dann in einem zur Verdauung nicht hinlänglich vorbereiteten Zustande in den Pansen, wird aus diesem aber durch das Wiederkäuen allmählig wieder herauf in die Maulhöhle gebracht, daselbst noch einmal gekäut, dadurch gehörig zerkleinert, mit Speichel gemischt und dann wieder hinuntergeschluckt. Bei diesem zweiten Verschlucken gehen jedoch die Nahrungsmittel nicht wieder, wie ich Euch solches früher erklärt, in den Pansen, sondern sogleich in den Psalter, als den dritten Magenbehälter. Je weicher und saftiger nun ein solches Futter ist, wie z. B. junger Hedrich, üppig gewachsener Klee oder frische Getreidekörner, desto weniger zerkäut verschlucken es die Schafe. Dadurch kömmt also mehr Futter mit einem Male in den Pansen, als derselbe mit dem zum genugsamen Durchdringen der Masse nöthigen Magensaft zu versehen vermag. Die Folge hievon ist, daß in dem Pansen durch Gährung Kohlensäure entsteht, welche das Aufblähen des Thieres, und wenn keine Hülfe kommt, den Tod desselben verursacht.

Aus dem Vorhergehenden seht Ihr also, daß, wenn Euer Brodherr durch diese Krankheit Verluste erleidet, dieselben größtentheils nur durch Eure Unwissenheit oder Eure Nachlässigkeit veranlaßt werden. Denn nicht entschuldigt es Euch, wenn Ihr sagt, daß es Euch befohlen sei, dergleichen gefährliche Stellen zu betreiben, und Ihr daher davon nicht hättet zurückbleiben können. Es wäre Thorheit, dergleichen Stellen nicht zu benutzen, und das schöne Futter umkommen zu lassen, jedoch müßt Ihr dies nur mit Vorsicht thun, und die Lehren beobachten, die ich Euch bei der Sommerfütterung der Schafe gegeben habe. Hierbei muß ich Euch noch darauf aufmerksam machen, daß Ihr noch mehr Vorsicht bei Benutzung solcher gefährlichen Weiden beobachten müßt, wenn die darauf befindlichen Gewächse vom Regen oder vom Thau sehr durchnäßt sind. In beiden Fällen erzeugen dieselben die Trommelsucht nicht nur weit rascher, sonder auch in einem bei weitem höheren Grade, weil ihr Genuß durch die Nässe dem Vieh so angenehm ist, daß es dieselben beinahe gar nicht kaut, sondern gleichsam verschlingt. Der Pansen bekömmt also in sehr kurzer Zeit nicht nur viel Futter, sondern auch zugleich viel zur Gährung geneigte Feuchtigkeit. Es ist daher rathsam, daß Ihr dergleichen gefährliche Stellen, wenn es sich irgend thun läßt, in dem vorbeschriebenen Zustande gänzlich vermeidet, ehe Ihr Euch den gewiß nicht ausbleibenden Verlusten aussetzet.

Die Heilung der an der Trommelsucht oder Blähsucht erkrankten Schafe kann auf mehrfache Weise bewirkt werden. Das erste natürlich, was Ihr thun müßt, sobald Ihr ein an dieser Krankheit leidendes Thier in Eurer Heerde erblickt, ist, die gefährliche Stelle zu verlassen, und die Heerde auf eine magere Weide zu führen. Seid Ihr nun aufmerksam beim Hüten gewesen, und habt die gefährliche Stelle zur rechten Zeit verlassen, so werden nur wenige Thiere, und auch diese nicht in sehr hohem Grade aufblähen, so daß Ihr sie dadurch zu retten vermögt, daß Ihr ihnen ein Strohband durch's Maul zieht und dasselbe am Hinterkopfe zubindet. Die Thiere werden hiedurch genöthigt, fortwährend zu kauen, wodurch die die Aufblähung verursachende Luft bald abgeht. Auch ist es von sehr rascher Wirkung, wenn Ihr den leidenden Thieren ein 3 Zoll langes Endchen d'nnen Talglichts in den Hals steckt, und sie dasselbe verschlucken laßt. Die beiden obigen Mittel könnt Ihr auch beim Rindvieh mit gutem Erfolg anwenden, wenn dasselbe von dieser Krankheit befallen ist, nur müßt Ihr bei demselben ein ganzes Talglicht nehmen. Ferner dient es als ein sehr sicher wirkendes Mittel, wenn Ihr ½ Pfund frisch gebrannten Kalk nehmt, darauf 3 Pfund kochendes Wasser gießt, die Masse gut umrührt, das Wasser, wenn der Kalk sich gesetzt hat, ablaufen laßt, und den kranken Thieren davon ¼ Pfund auf die Euch früher beschriebene Weise eingebt. Da sich dieses Kalkwasser in zugepfropften Flaschen an einen kühlen Ort gestellt lange brauchbar erhält, so müßt Ihr Euch dasselbe immer vorräthig bereiten, wenn Ihr mit Euren Heerden Weideflächen benutzt, auf denen sich solche gefährliche Stellen befinden. Statt des Kalkes könnt Ihr auch als ein sehr wirksames Mittel Salmiak nehmen, und mischet Ihr dann zu einem Pfund Wasser 1 Loth Salmiak, hebt es in Flaschen auf und gebt vorkommenden Falles jedem erkrankten Thiere ¼ Pfund davon.

Seid Ihr nun aber unaufmerksam und nachlässig beim Hüten gewesen, und habt Euch zu lange auf den gefährlichen Stellen aufgehalten, so werden nicht einzelne Thiere, sondern fast die ganze Heerde wird von dieser Seuche befallen werden', und zwar so heftig, daß die oben angegebenen Mittel weder rasch genug wirkend sind, noch die Zeit ausreicht, sie rasch genug bei allen Thieren anzuwenden; da in diesem Falle die Blähsucht so schnell eintritt, daß Ihr schon nach einer viertel Stunde fast die ganze Heerde, die vorher noch anscheinend gesund war, davon ergriffen seht.

Hier stehen Euch dann nur zwei Mittel zu Gebote, welche zwar grausam erscheinen, da bei Anwendung derselben in der Regel einige Thiere verloren gehen, welche aber dennoch angewendet werden müssen, weil es doch besser ist, einige Thiere aufzuopfern, als fast die ganze Heerde zu verlieren. Diese Mittel bestehen darin:

1) Daß Ihr die Heerde ins Wasser treibt und die sich weigernden Thiere hineinwerft, so daß sie schwimmen müssen, und

2) daß Ihr die Heerde sogleich, wenn kein Wasser in der Nähe ist, in eine starke Bewegung setzt, auch in derselben so lange erhaltet, bis das Aufblähen wieder zu verschwinden anfängt.

Durch das starke Treiben wird der Körper des aufgeblähten Thieres in eine Bewegung gesetzt, von welcher selbst die Eingeweide ergriffen werden. Dasselbe wirkt deshalb auch auf die Magenbehälter und auf die in denselben befindliche Dunstluft in der Art, daß sowol die untere Schlundmündung als auch der Magenausgang nach den Gedärmen, dem Andrange nachzugeben genöthigt wird, und auf diese Weise die genannte Dunstluft sowol durch den Hals, als auch durch den Darmkanal abzugehen Gelegenheit findet. Was das Treiben ins Wasser betrifft, so hat die Anstrengung, welche das Thier beim Schwimmen machen muß, dieselbe Wirkung, auch bewirkt diese plötzliche Abkühlung, selbst wenn sie nicht zum Schwimmen kommen, sobald sie wieder auf dem Trocknen sind, und, langsam fortgetrieben werden, einigen Mistabgang, mit welchem dann die Aufblähung schwindet.

Ihr seht also aus Vorstehendem, wie gefährlich es ist, und wie Schaden bringend für Euren Brodherrn, wenn Ihr nicht stets aufmerksam auf die Euch übergebene Heerde seid, und Eure Pflicht überall pünktlich erfüllt.

Noch eines Heilmittels dieser Krankheit muß ich erwähnen, obgleich ich nicht viel davon halte, da es oft ebenso schlimm ist, als die Krankheit selbst. Es ist dies der Trokar, den Ihr bei der Drehkrankheit kennen gelernt habt. Bei einzelnen Thieren erreicht nämlich die Blähsucht oft einen so hohen Grad, und zwar sehr rasch, daß das Thier gänzlich aufgetrieben ist, mit offenem Maule dasteht, und zu ersticken droht. In diesem Falle ist nur noch Rettung zu hoffen von einer dem Pansen von außen durch einen Stich mit dem Trokar beigebrachten Oeffnung. Derselbe wird auf der linken Seite des Thieres so aufgesetzt, daß dessen Spitze gerade zwischen dem sogenannten Hüftknochen und der letzten Ribbe, also in der Hungergrube, hinein und nach der Mitte der Bauchhöhle gerichtet in den Pansen geht, und die obere Wand desselben durchdringt. Das Stilet oder Spieß des Trokars wird nun herausgezogen, und die Röhre bleibt so lange sitzen, bis die Dunstlunst durch dieselbe sämmtlich aus dem Pansen entwichen ist. Von der Blähsucht ist das Thier nun freilich geheilt, allein eine langwierige Krankheit ist in der Regel die Folge dieser Kur.

Wir wollen nun noch über einige Krankheiten der Lämmer sprechen.

1. Der Durchfall der Lämmer.

Der Durchfall der Lämmer, welcher sich durch den häufigen Abgang eines flüssigen Kothes zu erkennen giebt, ist besonders den Saugelämmern eigen, und entsteht gewöhnlich im

Frühjahr in Folge der veränderten Fütterung, wenn dieselbe nicht mit gehöriger Vorsicht eingeleitet, und die Schafe auf das junge Gras geführt werden, ohne ihnen vorher ein trockenes Futter zu verabreichen.

Auch Erkältung bei plötzlich eintretender anhaltend naßkalter Witterung, wenn die Thiere schon auf der Weide ernährt werden, oder nach der Wollschur, bewirkt leicht diesen Durchfall.

Im geringen Grade ist diese Krankheit nicht gefährlich, bei längerer Dauer und größerer Heftigkeit aber müßt Ihr dadurch zweckmäßige Vorbeugungs- und Heilungs-Versuche anwenden, daß Ihr bei den gesunden Lämmern fernere Erkältungen vermeidet, den Müttern aber die die Krankheit verursachende Weide entzieht, und ihnen neben blos trocknem Futter auch Schrottränke verabreicht. Bei den kranken Lämmern hat oft eine tägliche Gabe von einem Theelöffel voll Leinöl gute Wirkung geäußert.

2. Die Lämmerruhr.

Diese Krankheit besteht in einem bösartigen Durchfall, der sich in Folge einer Entzündung der Därme eingefunden hat. Sie ist unter den Krankheiten, welche eine Schafheerde heimsuchen können, eine der bösartigsten und gefürchtesten, da sie oft seuchenartig herrscht, und den größten Theil der Lämmer dahinrafft. Sie findet sich entweder gleich nach der Geburt des Lammes ein, oder in den ersten 8 Tagen, selten später. Der Verlauf der Krankheit ist immer sehr schnell, und tödtet oft binnen 24 Stunden, spätestens in 14 Tagen.

Zuweilen werden die Thiere beim Ausbruch der Krankheit von Zuckungen ergriffen, während sie an der Mutter saugen; sie stürzen nach einigen taumelnden Bewegungen zu Boden, zappeln mit den Füßen und sterben in weniger als einer Stunde.

Die Ursachen und Veranlassungen zu dieser Krankheit sind noch keinesweges hinlänglich erforscht. Am meisten verbreitet ist die Meinung, daß die zu häufige und zu nahrhafte Milch der Mütter bei einiger Schwächlichkeit des Lammes von diesem nicht gehörig abgesogen, und selbst das Genossene nicht gehörig verdaut werden könne, und daß auch die in dem Euter zurückbleibende Milch, zur Säuerung und Gerinnung vorbereitet, nothwendig dem Lamme schädlich werden müsse. Diese Meinung gewinnt auch an Wahrscheinlichkeit durch die Erfahrung, daß die Mütter, welche ihre Lämmer an dieser Krankheit verlieren, meistentheils zu den gesundesten, wohlgenährtesten und stärksten der Heerde gehören.

Daß dies aber nicht die einzige Ursache der Krankheit sei, sondern daß oft der Keim zu derselben oder ein Hinneigen nach ihr, schon von dem Lamme aus dem Mutterleibe mitgebracht werde, auch die Wirkung schädlicher in der Luft vorhandener Einflüsse dieselbe veranlassen könne, beweist das schnelle Eintreten der Krankheit nach der Geburt des Lammes und die seuchenartige Allgemeinheit derselben in manchen Jahren oder in manchen Gegenden.

Allein auch eine plötzliche Erkältung der Lämmer kann zu dieser Krankheit die Veranlassung geben oder dieselbe bei schon vorhandener Hinneigung zum Ausbruch bringen.

Was die Heilung der Lämmerruhr betrifft, so haben sich bis jetzt alle arzneiliche Mittel fast jedesmal unwirksam gezeigt, da bei dem schnellen Verlauf der Krankheit theils die Hülfe meistens zu spät kommt, theils die Zartheit des jungen Lammes jedes stärkere Eingreifen verbietet. Um so nothwendiger ist es daher, daß Ihr Eure ganze Sorgfalt auf die Verhütung der Krankheit verwendet. Deshalb müßt Ihr die Zuchtthiere, sowol Mütter als Böcke nicht zu jung, sondern erst bei voller Kraft zur Paarung zulassen, und den Böcken auch nicht zu viele Schafe zutheilen, weil es nur dadurch möglich ist, eine kräftige Nachkommenschaft zu erhalten, welche von schädlichen Einflüssen aller Art nicht zu leicht ergriffen wird. Während der Trächtigkeit müssen die Mütter zwar hinreichende und gesunde Nahrung erhalten, allein das Uebermaaß, besonders an sehr nahrhaften Futtermitteln, z. B. Getreidekörnern &c. müßt Ihr vermeiden, um die Erzeugung einer zu reichlichen und zu nahrhaften Milch zu verhüten. Auch muß die Ernährung der tragenden Mutterschafe schon mehrere Wochen vor der Lammzeit so eingerichtet werden, wie sie während der Lammzeit und beim Säugen verbleiben soll, weil jede Futteränderung nach der Lammung, namentlich wenn sie plötzlich eintritt, und in sehr kräftigen stark nährenden Futtermitteln besteht, nachtheilig auf die Verdauungs-Werkzeuge des Lammes wirkt, und die Gelegenheits-Ursache zu verschiedenen Lämmerkrankheiten wird.

Auch für Verhütung von Erkältungen bei den jungen Lämmern müßt Ihr Sorge tragen. Da Erkältungen vorzüglich dann herbeigeführt werden, wenn der Stall gewöhnlich zu warm gehalten, dann aber auf längere Zeit von den Müttern verlassen wird, wodurch sich die Temperatur der Stallluft zu sehr abkühlt: so müßt Ihr dahin sehen, daß die Lämmer während der Abwesenheit ihrer Mütter in einem kleineren, gegen das Eindringen kalter Luft verwahrten Raum beisammengehalten werden, um dadurch etwas enger, also auch wärmer zu stehen.

Auch muß es schon vorher, ehe die Mütter ausgetrieben werden, Eure Sorge sein, die Ställe nie so dicht verschlossen zu halten, daß eine zu warme Stallluft entsteht, sondern es muß dieselbe immer möglichst gleichmäßig erhalten werden, wie ich Euch solches schon früher gesagt. Wenn nun aber die Mütter, von Kälte durchdrungen, in den Stall zurückkehren, so dürft Ihr die Lämmer erst nach einiger Zeit, wenn die Mütter im Stalle sich wieder etwas erwärmt haben, zum Saugen zulassen, damit auch hierdurch eine Erkältung der Lämmer vermieden werde.

Aus dem Vorstehenden werdet Ihr ersehen, daß die Euch angerathenen Vorbeugungsmittel gegen diese Krankheit sich größtentheils nur auf eine Lammzeit beziehen, die in den Winter oder das ganz zeitige Frühjahr verlegt ist; denn bei der Sommerlammung habt Ihr diese Krankheit weniger zu fürchten, weil da die Ernährung gleichmäßiger ist, und auch eine Erkältung nicht so leicht vorkommen kann.

3. Die weißen Lungen oder die Fadenwürmer.

Diese Krankheit ist nur den jüngeren Schafen eigen, vorzugsweise im ersten Lebensjahre, und befällt die Lämmer immer erst in einem Alter, wo sie neben der Muttermilch auch schon die Weide zu ihrer Ernährung benutzen, oder gänzlich entwöhnt sind. Sie dauert in steigender Stärke bis zu Ende des Sommers und fordert von den dann noch lebenden, aber schon kranken Thieren noch manches Todesopfer im Herbst und Winter, auch vielfach noch im nächsten Frühjahr. Die Krankheit fängt mit einem Durchfall an, dessen Excremente eine schwarze Farbe haben. Das kranke Lamm bleibt im Wachsthum stehen, verliert alle Munterkeit und magert ab, ungeachtet es mit Begierde frißt. Der Leib wird aufgedunsen, obgleich er weich bleibt, die Haltung des Körpers erscheint zusammengekrümmt, und alle Bewegungen zeigen Mattigkeit und Trägheit; fieberhafter Puls ist jedoch weder durch den Pulsschlag, noch durch erhöhte Wärme der Haut zu entdecken.

Alle im gesunden Zustande hochrothen kleinen Blutgefäße des Auges und die dasselbe umgebenden Häute werden bleich, die innere Seite des oberen Augenliedes hat ein geschwollenes fettähnliches Ansehen und der Ausdruck des Auges ist matt und erloschen. Auch die Lippen, das Zahnfleisch und selbst die Haut auf dem ganzen Körper nehmen bei weiterm Verlaufe der Krankheit ein bleiches Ansehen an. Alle diese Krankheits-Zeichen dauern bis zum Tode fort, welcher nach einigen Wochen gewöhnlich plötzlich mit Zeichen großer Schmerzen erfolgt. Bei der Oeffnung des gestorbenen Thieres zeigen sich die Lungen von einer blasseren und etwas mürberen Beschaffenheit, als bei gesund geschlachteten Lämmern, ja die bleiche Farbe der Lungen stuft sich ab von der hellen Fleischfarbe bis zum kreideähnlichen Weiß; welche letztere Eigenschaft der Krankheit den Namen der weißen Lungen verschafft hat. Ferner findet Ihr bei den an dieser Krankheit verstorbenen Lämmern die feinen Fadenwürmer in den Eingeweiden der Brust und des Bauchs. Sie werden vorzüglich und am zahlreichsten sogar in großen Klumpen im vierten Magen des Lammes, dem sogenannten Lab, angetroffen, zeigen sich jedoch auch in den Verzweigungen der Lunge und der Luftröhre und verursachen ein öfteres stoßendes Husten und Krächzen der kranken Thiere, wobei sie oft große Klumpen solcher in Schleim gewickelter Würmer auswerfen. Ganz pflegen diese Fadenwürmer bei den an dieser Krankheit gestorbenen Lämmern nie zu fehlen, und wenn Ihr sie bei den Leichenöffnungen nicht immer findet, sondern nur einen weißlichen Schleim, so könnt Ihr annehmen, daß sie schon krepirt sind, und sich in Schleim aufgelöst haben, welches nach dem Erkalten des Körpers äußerst bald geschieht.

Die vorstehend beschriebenen Zeichen der Krankheit lehren Euch nun, daß das Wesen derselben hauptsächlich in einer zu wässrigen Beschaffenheit des rothen Bluts und in einer allgemeinen Erschlaffung besteht. Wir können also ihre Entstehung ziemlich aus denselben Ursachen herleiten, wie die der Bleichsucht bei den älteren Schafen, deren Krankheitszeichen sie auch meistentheils bei den Lämmern zeigt. Die Krankheit tritt aber hier mit einem rascheren Verlauf und auch verheerender bei geringeren Gelegenheits-Ursachen auf, weil der zartere und schwächere Körper des Thiers der Krankheit weniger Widerstand leisten kann.

Ihr müßt also zur Verhütung dieser Krankheit alles beobachten, was ich Euch zur Vorbeugung der Bleichsucht gerathen habe, und hauptsächlich dafür sorgen, daß die Lämmer ein nahrhaftes und kräftiges Futter und auch eine recht nahrhafte Weide bekommen, damit sie nicht nöthig haben große Massen von nahrungslosen Futtermitteln zu verarbeiten und zu verdauen, aus denen sie weniger wirklichen Nahrungsstoff ziehen können, als sie zu ihrem Gedeihen bedürfen.

Was die Heilung der erkrankten Thiere betrifft, so hat folgendes Verfahren in der Regel gute Dienste geleistet:

Ihr laßt eine Stahlkugel (eine Unze schwer) in einem halben Quart Wasser recht stark kochen, wol einige Stunden lang, und gebt dann jedem kranken Lamme von dieser Auflösung, nachdem sie kalt geworden, täglich nüchtern einen Kinderlöffel voll ein. Wenn dieses Mittel gleich beim Beginn der Krankheit angewendet wird, so werdet Ihr nach 8 bis 14 Tagen die meisten Thiere geheilt sehen. Auch ist es sehr zu empfehlen, wenn Ihr den Lämmern und Jährlingen im Herbst gerostetes Eisen in das Trinkwasser legt, und ihnen eine Lake bereitet von Salz, Weizenkleie, zerstoßenen Wachholderbeeren und frischem Theer.

4. Die Lämmerlähme.

Von dieser Krankheit werden nur die jungen Thiere in einem Alter von 4 Tagen bis 6 Wochen befallen. Das kranke Lamm steht mit gekrümmtem Rücken und unter den Leib geschobenen Hinterfüßen traurig da; die Brust scheint schmaler zu werden, die Bauchmuskeln werden in die Höhe gezogen, zuweilen wird auch der Hals krampfhaft nach einer Seite oder blos rückwärts gebogen; zuletzt werden auch die Schlundmuskeln und die Lippen vom Krampfe ergriffen, so daß das Lamm nicht mehr saugen kann. Es findet sich nun Durchfall, oft auch Leibes-Verstopfung ein, an den Knie- und Sprung-Gelenken, zuweilen auch an den Schenkeln, bilden sich Geschwülste, welche eine gelbliche Flüssigkeit enthalten und zuweilen in bösartige Geschwüre ausarten, und das erkrankte Lamm stirbt nach 8 bis 10 Tagen.

Diese Krankheitszeichen sind jedoch nicht bei allen erkrankten Thieren vereinigt, sondern das eine derselben zeigt diese, das andere jene Zeichen, je nachdem die Entstehungs-Ursachen der Krankheit verschieden sind. Nach diesen verschiedenen Zeichen aber könnt Ihr drei Krankheits-Formen unterscheiden, deren jede ein besonderes Heil-Verfahren erfordert.

Die erste Form nenne ich die rein gastrische Lähme. Die erkrankten Lämmer sind an allen Gliedern gelähmt und bekommen an einem oder mehreren Kniegelenken, so wie auch an den Sprunggelenken Geschwülste, welche bei der Oeffnung eine gelbliche Feuchtigkeit ausfließen lassen.

Die Ursachen sind entweder ein zu kräftiges und nahrhaftes Futter, durch welches eine zu fette Muttermilch entsteht, oder ein verdorbenes Futter, schimmelig und staubig gewordenes Heu u. s. w., welches eine Milch erzeugt, die der noch schwache Magen der jungen Thiere nicht verdauen kann, und dadurch in einen krankhaften Zustand geräth, der nach Außen hin sich durch obige Zeichen zu erkennen giebt.

Durch Veränderung des Futters, indem Ihr, wenn dasselbe zu kräftig war, ein weniger kräftiges, und wenn dasselbe verdorben war, ein unverdorbenes gesundes Futter den Thieren verabreicht, auch den Mutterschafen Salz, und den kranken Lämmern einige Gaben Glaubersalz gebet (namentlich, wenn sie an Verstopfung leiden), gelingt es in der Regel, dieser Krankheit so weit Herr zu werden, daß keine neue Erkrankungen vorkommen. Um aber die Beulen und Geschwülste, welche an den Knie- und Sprung-Gelenken der erkrankten

Lämmer sich gebildet haben, zu heilen, legt Ihr einen mit frischem Theer bestrichenen Flanelllappen um dieselben, und bestreicht denselben täglich frisch mit Theer, bis die Heilung erfolgt ist, was meistens in 4 bis 5 Tagen geschieht.

Die zweite Form nenne ich die rheumatische Lähme. Die Zeichen dieser Krankheits-Form sind dieselben, wie bei der vorigen, nur finden sich bei derselben keine Beulen und Geschwülste an den Knie- und Sprunggelenken.

Die Ursachen der Erkrankungen sind, außer den an die Mutterschafe verabreichten Futtermitteln, hauptsächlich Erkältungen bei den Lämmern.

Um das Ausbrechen neuer Erkrankungen zu verhüten, müßt Ihr das Futter, wie oben gesagt, verändern, und die Lämmer vor Erkältungen bewahren. Auch könnt Ihr den Müttern Salz, und den Lämmern bei Verstopfung Glaubersalz verabreichen. Die Heilung der Kranken wird durch kaltes Baden bewirkt.

Das kranke Lamm wird nämlich des Morgens früh, wenn es durch das Zusammenliegen vieler Schafe in einem Stalle über Nacht sehr erwärmt ist, in einen Eimer kalten Brunnen-Wassers gesteckt, so daß nur der Kopf heraussieht, und 5 bis 10 Minuten darin festgehalten. Dann wird es in ein feuchtes leinenes Tuch eingeschlagen, und mehrere Stunden auf den warmen Stallmist gut zugedeckt hingelegt, wodurch es tüchtig in Schweiß geräth. In der Regel erfolgt die Heilung nach 3 bis 4tägigem Gebrauch dieser Bäder. Zuweilen wird aber auch der im Innern des Thiers arbeitende Krankheitsstoff nach Außen getrieben, und zeigt sich durch die Beulen am Kniegelenk u. s. w., welche Ihr dann auf die oben beschriebene Weise heilt, und so das Thier gänzlich herstellt.

Die dritte Form nenne ich die gastrisch-nervöse Lähme. Es zeigt sich bei den von dieser Krankheits-Form befallenen Thieren eine Lähmung des ganzen Körpers wie bei den Thieren, welche von den übrigen beiden Krankheits-Formen befallen sind, verbunden jedoch mit einer sichtbaren Anschwellung der Schenkel, oft bis an den Rückgrat hinauf, welche statt der gelblichen klaren Flüssigkeit, wie sie sich in den Beulen der Knie- und Sprung-Gelenke der ersten Form befindet, eine trübe Jauche enthält.

Die Entstehungs-Ursachen dieser Krankheits-Form sind dieselben, wie die der früher beschriebenen Krankheitsformen, jedoch hat die Krankheit hier einen entzündlich nervösen Charakter angenommen, und bedarf kräftigerer Mittel zu ihrer Heilung. Sie befällt in dieser Form nur solche Lämmer, deren Mütter schwächliche bleichsüchtige Thiere sind, und müßt Ihr es daher stets vermeiden, dergleichen Mutterschafe zur Zucht zu gebrauchen, sondern nur gesunde kräftige Thiere auswählen.

Die Heilung erfolgt gewöhnlich, wenn Ihr neben der vorgeschriebenen Futter-Veränderung und der Darreichung von Salz folgendes Verfahren anwendet:

Ihr schneidet längs der angeschwollenen Schenkel des Lammes, vom Rückgrat anfangend, so weit abwärts, als die Geschwulst reicht, die Wolle in der Breite eines Fingers ab, und reibt auf dieser Stelle eine Salbe, die Ihr von ⅓ Schweineschmalz, ⅓ spanischfliegen Pulver und ⅓ Terpentin bereitet, so lange mit dem Finger ein, bis sie ganz eingezogen ist. Bessert sich das Lamm nach dieser einmaligen Einreibung nicht, so wird die Salbe am dritten Tage abermals eingerieben, und hiemit so lange fortgefahren, bis die Heilung erfolgt ist, was gewöhnlich nach 3 bis 4maliger Einreibung geschieht.

Ihr sehet bei dieser Krankheit also wieder, wie wichtig es für die Erhaltung der Gesundheit der Schafe ist, daß dieselben nicht allein stets mit gutem unverdorbenen Futter, sondern auch gleichmäßig ernährt werden.

Gebet daher den tragenden Mutterschafen schon mehrere Wochen vor dem Beginn der Lammzeit nach und nach ein solches Futter, wie sie es auch während der Lammzeit haben müssen, und machet diese Veränderung nicht kurz vor, oder gar während der Lammzeit. Lasset dasselbe gut, doch nicht zu kräftig sein, namentlich darf dasselbe nicht aus Körnern oder zu vielen Kartoffeln bestehen; denn erstere, die Körner, geben eine zu fette Milch, welche die schwachen Verdauungs-Werkzeuge der Lämmer nicht verarbeiten können, letztere aber, die Kartoffeln, im Uebermaaß gefüttert, geben eine Milch, die den Lämmern dadurch nachtheilig wird, daß sie sehr leicht gerinnt und käsig wird, wie Ihr dies an der Butter sehen könnt, die aus Milch von Kühen gewonnen wird, welche nur mit reichlichem Kartoffelfutter und Stroh genährt werden. Eine Gabe von 1 bis 1½ Scheffel Kartoffeln für 100 Schafe und gutes gesundes Kleeheu oder Wiesenheu wird diese Lämmerkrankheit nicht verursachen, wenn das Lamm die Hinneigung zu dieser Krankheit nicht schon, hervorgerufen durch den ungesunden und schwächlichen Gesundheits-Zustand der Mutter, mit auf die Welt brachte.

Die Beobachtung, daß zu reichliches Kartoffelfutter und Körnerfutter die Lämmerlähme häufig hervorrief, und sie sehr bösartig machte, veranlaßte mich im Jahre 1838, die Sommerlammung einzuführen in einer Wirthschaft, die gar keine Wiesen hatte, und in welcher der rothe Klee auch sehr häufig mißrieth, so daß ich bei Fütterung der Mutterschafe nur auf Kartoffeln und Körner (als Kraftfutter) angewiesen war, zumal in dortiger Gegend sich auch keine Gelegenheit zum Ankauf von Heu darbot. Da im ersten Jahre kein Einziges der Sommerlämmer von der Lähme befallen wurde, so glaubte ich hierin ein Vorbeugungsmittel gegen diese Krankheit gefunden zu haben. Allein im zweiten Jahre erkrankten schon einige Thiere an der Lähme, und im dritten Jahre der dritte Theil der Sommerlämmer.

Indem ich nun den Entstehungs-Ursachen der Krankheit nachforschte, fand ich, daß der gegipste Klee die Krankheit hervorgerufen haben müsse. Im zweiten Jahre war ich nämlich genöthigt gewesen, den säugenden Mutterschafen die Nachmath des im Frühjahr gegipsten Mäheklees zur Weide einzuräumen, und sogleich brach die Lähme unter den Lämmern aus, und zwar sehr bösartig. Im dritten Jahre war der im Frühjahre gegipste Mäheklee so schlecht geblieben, daß er nicht gemäht werden konnte. Da nun wegen großer Dürre die Weide für die Schafe auch sehr fehlte, so wurde ihnen dieser Klee eingeräumt, und zwar den säugenden Mutterschafen. Bald darauf zeigte sich die Lähme unter den Lämmern. Ich brachte also die säugenden Mutterschafe auf die frühere nicht gegipste Weide, und räumte den tragenden Mutterschafen die gegipste Kleeweide ein. Um mich jedoch davon zu überzeugen, daß der gegipste Klee wirklich die Ursache der Lämmerlähme sei, ließ ich einen Theil der tragenden Mutterschafe unter den säugenden, und brachte sie nicht auf den gegipsten Klee. Sämmtliche Schafe blieben, so wie sie gelammt hatten, die ersten 6 Tage mit ihren Lämmern auf dem Stalle, und wurden mit grünem Wickhafer gefüttert, der nicht gegipst war.

Nach einigen Tagen kamen unter den Lämmern, deren Mütter auf dem nicht gepipsten Klee ernährt wurden, keine neue Erkrankungen mehr vor, diejenigen Lämmer jedoch, welche von den tragenden Mutterschafen geboren wurden, die auf dem gegipsten Klee weideten, erkrankten schon am dritten oder vierten Tage auf dem Stalle an der Lähme, und zwar so heftig, daß ihre Heilung sehr schwierig war, und die Krankheit sogar bei vielen Thieren, nachdem sie geheilt und anscheinend 14 Tage bis 3 Wochen ganz gesund gewesen waren, ohne äußere Veranlassung abermals ausbrach. Dagegen blieben diejenigen Lämmer, welche von den tragenden Schafen geboren wurden, die mit den säugenden Mutterschafen auf dem nicht gegipsten Klee weideten, ganz gesund, und wurden nicht von der Lähme ergriffen.

Hieraus werdet Ihr ersehen, wie gefährlich es ist, mit tragenden und säugenden Mutterschafen frisch gegipsten Klee zur Weide zu benutzen, und kann ich Euch daher nicht genugsam davor warnen.

Ihr habt nun die wichtigsten Krankheiten der Schafe und Lämmer, und auch die Mittel, welche man zu deren Heilung gewöhnlich anwendet, kennen gelernt, und werdet aus Allem, was ich darüber gesagt habe, ersehen:

1) daß es sehr schwierig ist, die krank gewordenen Schafe so rasch in den gewöhnlich sehr großen Herden zu entdecken, daß die zur Heilung der ausgebrochenen Krankheit nöthigen Mittel noch zur rechten Zeit angewendet werden können, und
2) daß fast alle Krankheiten der Schafe, die ansteckenden etwa ausgenommen, gewöhnlich immer eine Folge Eurer Unvorsichtigkeit und Nachlässigkeit, so wie Eurer Nichtachtung der Regeln sind, die ich Euch über die Sommer- und Winterfütterung und überhaupt über die Gesundheitspflege der Schafe gegeben habe.

Deshalb muß ich Euch hier nochmals ernstlich und dringend ermahnen, stets alles dessen eingedenk zu sein, was ich Euch darüber gesagt habe, wie Ihr die Gesundheit der Euch anvertrauten Heerden bewahren, dadurch das Ausbrechen von Krankheiten verhindern und Euren Brodherrn vor Verlust und Schaden schützen könnt.

Hiernach zu handeln muß Eure erste und heiligste Pflicht

sein; dann werdet Ihr brauchbare Menschen und von Allen geachtet werden, und immer einen guten Dienst finden.

Wenn ich Euch nun aber ermahnt habe, Eure Heerden nicht auf feuchte ungesunde Aecker zu führen, sie nicht im Regen oder während des Thaues auf die Weide zu treiben, ihnen im Winter kein verdorbenes Heu oder Stroh zu geben, und sie immer möglichst gleichmäßig zu ernähren: so setze ich voraus, daß Euer Brodherr auch dafür gesorgt hat, daß eine hinreichende gesunde Weide vorhanden, daß Heu und Stroh gut eingewonnen und auch immer vorräthig sind, und daß nicht mehr Schafe gehalten werden, als mit den vorhandenen Futtermitteln gut und gleichmäßig ernährt werden können. Und mit Recht glaube ich dies voraussetzen zu können, weil sonst der beste Nutzen der Schafvieh-Haltung verloren gehen würde.

V.

Von der Züchtung der Schafe.

Das Schaf ist fast über alle Länder der Erde verbreitet, indem es sich leicht an jedes Klima, sei es kalt oder heiß, gewöhnt, und sein Körper sowol, als die auf demselben wachsende Wolle bald diejenigen Eigenschaften annehmen, welche ein Fortbestehen in dem ihm angewiesenen Klima möglich machen. Deshalb giebt es auch viele Arten desselben, sowol hinsichtlich seiner Körperformen als auch seiner Wolleigenschaften, je nach den verschiedenen Ländern, wo es heimisch ist.

Wir wollen nur von den Arten sprechen, welche bei uns heimisch sind und hier gezüchtet werden, und da unterscheiden wir denn im Allgemeinen zwei Arten: die eine, welche eine lange und schlichte Wolle, die andere, welche eine gekräuselte und weniger lange Wolle trägt. Das gewöhnliche deutsche Landschaf, wie Ihr es noch bei den Bauern, namentlich in Pommern findet, gehört zu der ersteren Art, und das aus Spanien eingeführte Schaf zu der anderen.

In Spanien findet sich nämlich eine edlere in frühester Zeit aus Afrika dort eingeführte Art Schafe vor, Merino genannt, von dem spanischen Worte merina, welches feine Wolle bedeutet, die eine kurze, mehr oder weniger feine Wolle liefert, die mit vielen regelmäßigen Biegungen versehen, mehr oder weniger dicht auf der Haut gewachsen und fett oder ölig anzufühlen ist. Da der Verkauf dieser Wolle, die damals von allen europäischen Staaten nur allein in Spanien gefunden wurde, große Summen Geldes ins Land brachte, so war früher der Verkauf der, diese Wolle tragenden, Schafe ins Ausland streng verboten. Friedrich dem Großen war es aber gelungen, wie ich Euch solches vorn gesagt, schon im Jahre 1748 Schafe und Böcke aus Spanien und auch aus Afrika zu beziehen; allein die Thiere kamen hier krank an, es verstand sie Niemand zu behandeln, und sie gingen spurlos unter. Ebenso hatte Maria Theresia, Kaiserin von Oesterreich, Schafe aus Spanien erhalten, mit denen es nicht besser ging. Endlich erhielt der Churfürst von Sachsen durch besondere Begünstigung im Jahre 1765 Schafe und Böcke aus Spanien, und zwar 102 Böcke und 128 Schafe, die auf der Domaine Lohmen aufgestellt wurden. Diesem Transporte folgte im Jahre 1778 ein zweiter von 176 Schafen und 100 Böcken, welche auf der Domaine Stolpen aufgestellt wurden. Durch diese Schafe, welche theils rein in sich fortgezüchtet, theils zur Verbesserung der inländischen Schafheerden benutzt wurden, nahm die Schafzucht Sachsens einen solchen Aufschwung, daß bald die sächsische Wolle sehr gesucht, und mit den höchsten Preisen bezahlt wurde. Dadurch wurde auch in anderen Staaten die Aufmerksamkeit wieder mehr auf die Schafzucht hingeleitet, und es wurden viele Schafe und Böcke in Sachsen gekauft, um die hiesigen Heerden zu verbessern. Im Jahre 1802 ließ auch Oesterreich wieder Schafe und Böcke in Spanien aufkaufen und gründete davon seine Stammschäfereien in Hollitsch und Mannersdorff, welchem Beispiele viele Privatleute Oesterreichs folgten. Auch bei uns wurden von mehreren Privatleuten im Jahre 1802 Schafe und Böcke direkt aus Spanien bezogen und davon mehrere Stammschäfereien gegründet, von denen ich Euch nur Kunersdorff und Prillwitz nennen will. Für Preußen wurden auf Kosten des Staats im Jahre 1815, 1295 Schafe und 511 Böcke aus den edelsten Stammschäfereien Frankreichs, welche 1809 und 1810 von den besten aus Spanien bezogenen Schafen gegründet waren, angekauft, und aus denselben die hiesige Stammschäferei gebildet, wie ich auch solches Euch schon vorn gesagt.

So waren denn nach und nach so viele edle spanische Schafe nach Deutschland gekommen, daß dadurch die inländische Schafzucht sehr verbessert wurde, und das ursprüngliche deutsche Landschaf nur noch selten bei uns angetroffen wird. Was nun die Züchtung der zu uns gebrachten spanischen Schafe betrifft, so herrschten gleich Anfangs darüber verschiedene Ansichten.

In Sachsen züchtete man nur nach Feinheit, und nach einer sanft und milde anzufühlenden Wolle, ohne auf Wollreichthum Rücksicht zu nehmen, und erhielt dadurch eine hochedle Wolle, welche von den Käufern Electoral-Wolle genannt wurde, weil damals Sachsen noch ein Churfürstenthum war, was lateinisch Electorat heißt, und diese Wolle größtentheils aus den Churfürstlichen Schäfereien erkauft war. Später nannte man die diese Wolle tragenden Schafe, welche in Folge ihrer einseitigen Züchtung einen schlanken hochbeinigen Wuchs, einen länglich schmalen Kopf und glatten Hals erhalten hatten, Electoral-Schafe, wie ich sie Euch in dem Theil der hiesigen Heerde gezeigt habe, welche nach dem Electoral-Charakter gezüchtet wird.

In Oesterreich dagegen strebte man nur nach Wollreichthum, ohne die Feinheit und Milde der Wolle sehr zu berücksichtigen. Man fütterte, um auch dadurch diesen Zweck zu erreichen, deshalb diese Thiere stärker, so daß sie sich mehr ausbildeten, kräftiger wurden, und eine dem feingebildeten Electoral-Schaf sehr entgegengesetzte äußere Körperform erhielten. Diese kräftigen Thiere, kurzbeinig und tonnenförmig gebaut, mit kurzem starken Kopf, und breitem Hals, mit Halsfalten und Koder, und mehr oder weniger Hautfalten, die überall mit Wolle bewachsen waren, und viel, jedoch weniger feine und milde, Wolle trugen, nannte man Infantado-Schafe, zum Unterschiede von den Electoral-Schafen, weil viele Schafe, die nach Oesterreich kamen, aus den Heerden des Herzogs von Infantado in Spanien angekauft waren; wie ich sie Euch in dem Theil der hiesigen Heerde gezeigt habe, welche der äußeren Körperform nach den Infantado-Charakter darstellt.

In Vorstehendem habe ich Euch also die beiden Charaktere geschildert, welche sich aus den verschiedenen Züchtungs-Grundsätzen, nach welchen man das aus Spanien zu uns gebrachte Merino-Schaf züchtete, entwickelt haben, und die Entstehung der Namen Electoral und Infantado, und ihre Bedeutung erklärt. Später hatte man, um die verschiedenen Charaktere, welche durch in der Züchtung abweichende Ansichten der Züchter sich bildeten, zu bezeichnen, eine Menge von Namen erfunden, welche oft verwechselt wurden, und die Sache nicht klarer machten, sondern nur verdunkelten. Deshalb ist man jetzt wieder davon zurückgekommen, hat nur obige beide Namen beibehalten, und sagt von Thieren, auf welche einer dieser Namen nicht genau paßt, sie neigen sich zum Electoral- oder

Infantado-Charakter, je nachdem dies mehr oder weniger der Fall ist *).

Da man durch fortgesetzte vieljährige Züchtung dahingekommen war, daß die oben beschriebenen verschiedenartigen Charaktere in den Heerden, wo sie durch die angenommenen Züchtungs-Grundsätze hervorgerufen wurden, sich in den Nachkommen vererbten, also constant geworden waren, so ging man so weit, anzunehmen: daß Electoral- und Infantado-Schafe zwei ganz verschiedene Schaf-Rassen seien, daß dieselben auch als zwei verschiedene Rassen in Spanien existirten, und die in Sachsen gezüchteten Heerden deshalb den Electoral-Charakter trügen, weil sie von den edelsten und feinsten Heerden Spaniens abstammten; die Oesterreichischen Heerden dagegen den Infantado-Charakter zeigten, weil sie von geringeren und weniger feinen Heerden Spaniens abstammten. Ja einige Schafzüchter erklärten es sogar für einen argen Mißgriff, Electoral- und Infantado-Schafe bei der Züchtung zu kreuzen, und nannten dies eine höchst verwerfliche Blutmischung.

Ich habe im Jahre 1844 die edelsten Heerden Sachsens, Schlesiens und Oesterreichs gesehen, und mich auf dieser

*) Es ist zwar im Herbst 1845 in Breslau, von einer durch die dort abgehaltene Versammlung deutscher Landwirthe erwählten Commission vorgeschlagen, die eben beschriebenen beiden Charaktere des Merino-Schafs, Escurial und Negretti, statt Electoral und Infantado, zu nennen, ich glaube aber nicht, daß diese neuen Namen die alten Benennungen verdrängen werden. Denn

1) sind letztere Benennungen geschichtlich begründet, und auch in den meisten über Schafzucht geschriebenen Büchern angenommen, und
2) bedienten sich ihrer auch der verewigte Staatsrath Thaer, und unser hochverdiente Amtsrath Koppe, und sind sie schon dadurch gerechtfertigt.

Wir wollen daher nur vorläufig bei den uns lieb gewordenen Benennungen Electoral und Infantado verbleiben.

Anmerk. des Verf.

Reise überzeugt, daß es nur ein Merino-Schaf giebt, welches eine kurze, mit regelmäßiger Kräuselung versehene und fettig, jedoch mehr oder weniger milde, anzufühlende Wolle trägt. Ich habe mich überzeugt, daß obige beide Wollcharaktere erst hier bei uns durch die verschiedenen Ansichten der Züchter entstanden, also beide, sowol Electoral- als Infantado-Schafe aus einem und demselben edlen Merino-Schaf entsprungen, nicht aber als zwei verschiedene Schaf-Rassen aus Spanien zu uns gebracht sind, und als solche fortbestehen. Denn sowol die in der sächsischen Königlichen Stammschäferei Rennersdorff von den aus Spanien dorthingebrachten Schafen noch aufbewahrten Wollproben, als auch die Nachweisung der Heerden, aus welchen die nach Sachsen gebrachten Schafe angekauft sind, zeigen es deutlich, daß nach Sachsen keine anderen Schafe gekommen sind, als nach Oesterreich, und daß damals kein solcher Unterschied in den Wolleigenschaften sich herausstellte, als wir ihn jetzt in den verschiedenen Heerden finden.

Noch deutlicher zeigt sich aber die Richtigkeit des oben Behaupteten, wenn wir den jetzigen allgemeinen Zustand der sächsischen und östreichischen Heerden mit dem vergleichen, wie er uns aus früheren Zeiten geschildert wird.

Durch das einseitige Streben nach hochfeiner und milder Wolle war man in Sachsen dahingekommen, daß man zwar sehr feine Thiere besaß, diese aber kahle Bäuche, schmale spitze Köpfe und lange kahle Beine hatten, auch an vielen Stellen fehlerhaft gezwirnte Wolle trugen, so daß ihr Schurgewicht so gering wurde, daß die Heerden, trotz ihrer hohen Feinheit und der für diese Wolle bezahlten höchsten Preise, nur einen sehr geringen Ertrag lieferten, und Niemand diese fehlerhaften Thiere mehr kaufen wollte. In Oesterreich dagegen war man durch das ebenfalls einseitige Streben nach Wollreichthum, ohne Berücksichtigung der Feinheit, dahin gelangt, daß die Wolle unedel, zu hart im Gefühl und zu stark im Haar wurde, die

Preise derselben also sehr heruntersanken. Beide Theile kehrten also um, Sachsen strebte mehr nach Wollreichthum, und Oesterreich mehr nach Feinheit.

Was aber ist die Folge dieses Strebens gewesen? — Ich habe in Sachsen feine aber auch wollreichere Thiere als sonst, ja sogar Thiere mit Falten, Koder, Brustlappen und Hautfalten über den ganzen Körper gefunden, wie sie den Infantado-Charakter darstellen; in Hollitsch und Mannersdorff, in den österreichischen Kaiserlichen Stammschäfereien dagegen, neben dem Infantado-Charakter, Thiere mit Electoral-Charakter, ohne Falten und Koder und mit hochfeiner Wolle.

Dies zeigt Euch also, daß man durch Veränderung der Züchtungsgrundsätze eine Electoral-Heerde in eine Infantado-Heerde, und umgekehrt eine Heerde mit Infantado-Charakter in eine Heerde mit Electoral-Charakter verwandeln kann. Es ist daher falsch, wenn man annimmt, daß Infantado- und Electoral-Schafe zwei verschiedene Schaf-Rassen sind.

Ebenso falsch ist es aber auch, zu behaupten, daß es ein Mißgriff sei, Infantado- mit Electoral-Schafen und umgekehrt zu kreuzen. Denn Ihr werdet doch auch schon von den schönen Heerden gehört haben, welche man in Schlesien findet; und gerade diese Heerden sind entstanden, indem man sogenannte österreichische Infantados mit sogenannten sächsischen Electorals kreuzte. Solche Erfolge können doch aber nicht durch Mißgriffe hervorgerufen werden.

Aus dem Vorhergehenden habt Ihr also gesehen, daß unsere Schafheerden dadurch verbessert sind, daß die edlen Merino-Schafe aus Spanien eingeführt wurden. Es war aber nicht jedem Schäferei-Besitzer möglich, sich spanische Schafe anzuschaffen, und davon eine edle Heerde sich heranzubilden, sondern die meisten mußten sich damit begnügen, spanische Böcke zu kaufen und damit ihre Landschafe zu verbessern und zu veredeln.

Wir nennen daher solche Heerden veredelte Schäfereien. Dagegen werden Heerden, welche nur aus spanischen Schafen gegründet sind, Stammheerden oder Stammschäfereien genannt.

Was nun die Verwaltung der letzteren und die Züchtung in denselben anlangt, so habt Ihr gesehen, wie ich bei der Sortirung und Zulassung der hiesigen Stammheerde verfahre, und habe ich Euch erklärt, welche Grundsätze ich dabei beobachte. Was Ihr davon durch eigene Beobachtung meiner Verfahrungsweise begriffen und gelernt habt, wird für Eure künftige Stellung vollkommen genügen, denn die Verwaltung und Züchtung einer Stammschäferei ist zu schwierig, als daß Euch allein eine solche anvertraut werden könnte. Ihr werdet es künftig größtentheils mit veredelten Schäfereien zu thun haben, weshalb ich Euch denn zeigen werde, wie Ihr Euch bei Züchtung einer solchen Heerde zu verhalten habt.

Die Grundlage aller Schafzüchtung ist Wollkenntniß, denn man kann nichts schaffen wollen, was man selbst nicht kennt. Es ist aber sehr schwer, Wolle richtig kennen und beurtheilen zu lernen, und ganz unmöglich ist es, diese Kenntniß aus Beschreibungen und blos mündlichen Belehrungen sich anzueignen. Hier kann nur das Auge und der Finger Lehrmeister sein, und nur im Schafstalle kann man sich Wollkenntniß erwerben. Deshalb habe ich jede Gelegenheit benutzt, um Euch Wollkenntniß im Schafstall zu lehren, und Euch die verschiedenen Wolleigenschaften sowol durch Beschreibung bei den Thieren selbst, als an dazu geeigneten Wollproben gezeigt. Es wurden Euch die besseren Thiere gezeigt, sowie die geringeren, damit Ihr Gelegenheit hattet, Euer Urtheil durch Selbstanschauen zu befestigen.

Wenn Ihr Euch also nun Wollkenntniß erworben habt, so werdet Ihr künftig bei der Euch etwa übergebenen Heerde es beurtheilen können, welche Wolleigenschaften, sowol gute als schlechte und fehlerhafte sich in derselben befinden; welche also festzuhalten und darin fortzupflanzen, welche aber daraus zu entfernen sind. Hiernach wird sich denn die Eintheilung in Klassen richten, in welche Ihr die Heerde Behufs der Zulassung zum Bock zu theilen habt. Bevor Ihr aber zu diesem Geschäft schreitet, müßt ihr die Thiere, welche zum Bock gelassen werden sollen, erst jedesmal genau nachsehen und alle daraus entfernen:

1) die zu alt sind, um noch ein kräftiges Lamm bringen und säugen zu können;
2) die schwächlich und kränklich sind, denn von diesen werdet Ihr nie gesunde und kräftige Lämmer bekommen;
3) die zu große Fehler in der Wolle zeigen, namentlich Zwirn auf Widerrist und Arm ꝛc.

Das Ausmerzen der ad 3 genannten Schafe wird sich jedoch immer danach richten müssen, wie viel Lämmer Ihr zugezogen habt, und wie der Gesundheits-Zustand der Heerde beschaffen ist, auf wie große Verluste durch den Tod Ihr also zu rechnen habt; denn in gut eingerichteten Wirthschaften darf die Schafheerde nicht verringert, sondern muß immer in gleicher Stückzahl erhalten werden.

Ist nun diese Arbeit geschehen, so könnt Ihr zur Eintheilung der Heerde in Klassen, Behufs der Zulassung, schreiten. Es werden Euch vier Klassen für gewöhnlich genügen, um die verschiedenen Wolleigenschaften der Heerde und etwanige Fehler derselben zu trennen; und habt Ihr bei dieser Einrichtung Folgendes zu beobachten:

I. Klasse.

In diese Klasse kommen alle Schafe, die eine regelmäßig gekräuselte Wolle, einen guten Stapelbau, gut besetzte Köpfe und volle Seiten und Bäuche haben, auch möglichst ausgeglichen sind.

Ich verlange deshalb eine regelmäßige Kräuselung der

Wolle, weil dies der Charakter der Merinos ist, und wir diesen festhalten müssen, wenn wir die Feinheit behalten wollen. Kunitz sagt, „schlicht ist schlecht," und er hat recht.

Daß es übrigens wenige Heerden geben wird, in denen die I. Klasse nach obigen Eigenschaften geordnet, recht zahlreich ist, werdet Ihr wol einsehen; deshalb muß es Euer unausgesetztes Streben sein, durch die Kenntnisse, die Ihr erlangt, und durch Euren Fleiß, in den Euch übergebenen Heerden dieselbe recht zahlreich zu machen.

Um dies aber zu können, müßt Ihr von den oben beschriebenen Schafen Lämmer bekommen, die ebenso beschaffen sind, wie ihre Mütter. Dies werdet Ihr erreichen, wenn Ihr bei ihnen einen Bock zum Sprunge benutzt, der dieselben Eigenschaften hat; weil eine gleichartige Paarung, welche homogen genannt wird, am sichersten in der Nachzucht vererbt und die wenigsten Rückschläge befürchten läßt. Dieser Bock muß also auch eine regelmäßig gekräuselte Wolle, einen guten Stapelbau, gut besetzten Kopf und volle Seiten und Bauch haben, und überall sehr ausgeglichen sein. Die Feinheit seiner Wolle muß sich nach der Feinheit Eurer Schafe richten, und auch danach, ob Ihr die Heerde nur in ihrer vorhandenen Feinheit erhalten, oder sie verfeinern wollt. Ist letzteres der Fall, so muß die Wolle des Bocks natürlich feiner sein als die der Schafe. Doch rathe ich Euch, ihn nicht zu fein zu nehmen, denn theils vererben zu feine Böcke selten wollreich, theils schreitet auch die Natur in der Bildung ihrer Geschöpfe nur allmählig vor, ohne Sprünge zu machen; und so müssen auch wir, wenn wir, wie dies bei der Schafzucht und überhaupt bei der Viehzucht der Fall ist, ihre Schöpfungen leiten wollen, den uns durch sie gegebenen Lehren folgen, und nur allmählig vorschreiten.

Als Klassen-Zeichen könnt Ihr diesen Schafen einen Kerb in die Spitze des rechten Ohres geben.

II. Klasse.

In diese Klasse kommen alle Schafe, die zwar eine feine Wolle tragen, welche aber kurz ist und auf der Haut dünn steht, die spitze kahle Köpfe haben, und auch auf dem Bauche nur wenig mit Wolle besetzt sind; also mit einem Worte alle wollarmen Thiere.

Auf diese kommt ein Bock mit dichtem Stand der Wolle auf der Haut, mit gut bewachsenem Kopf und dicken mit Wollpäuschchen versehenen Ohren, mit gut besetzten Seiten und Bauch. Die Wolle muß eher etwas lang als kurz sein, doch darf sie nicht ein zu starkes Haar haben.

Als Klassenzeichen könnt Ihr denselben einen Kerb in die Spitze des linken Ohrs geben.

III. Klasse.

In diese Klasse kommen alle Schafe, die zu starkes Haar und eine zu schlichte Wolle haben, also der Veredlung bedürfen.

Auf dieselben kommt ein Bock, der feines Wollhaar und streng ausgesprochene Kräuselung hat, und dabei überall gut besetzt und möglichst ausgeglichen ist. Es ist diese Paarung hinsichtlich der Wolleigenschaften der beiden Thiere ungleichartig, welches man heterogen nennt. Deshalb müßt Ihr Euch vorsehen, daß Ihr keinen Bock nehmt mit zu feinem Wollhaar, es würde dies zu heterogen sein, und ein Lamm mit fehlerhaften Wolleigenschaften befürchten lassen; sondern, wie ich Euch vorher gesagt, müßt Ihr auch diese Klasse nur allmählig zu der gewünschten Feinheit hinführen.

Als Klassenzeichen könnt Ihr denselben einen Kerb in die Spitze jeden Ohres geben.

IV. Klasse.

In diese kommen alle Schafe mit zu langer und zu markirter Wolle, die einen schlechten Stapelschluß haben, und an den Keulen abfallen.

Auf diese Schafe kommt ein Bock mit kreppartiger Wolle, einem gedrungenen Wollbau, also mehr kurzer als langer Wolle, einem schönen Stapelschluß und möglichst ausgeglichenen Keulen.

Um nicht zu viele Zeichen zu bekommen, könnt Ihr sie ganz ohne Ohrzeichen lassen, und werdet sie dann doch von den anderen Klassen unterscheiden können.

Wenn nun Eure Heerde nach dem oben beschriebenen Verfahren in 4 Klassen gestellt ist, so werden ebenso viele Abtheilungen im Stalle durch Hürden gemacht, und zwar von solcher Größe, um jede Klasse mit den für sie bestimmten Böcken aufnehmen zu können. Solltet Ihr aber nicht Sommerlammung haben, sondern Eure Schafe im Herbst während des Weideganges zum Bock lassen, so müßt Ihr natürlich von den Mutterschafen so viele Heerden machen, als Ihr Klassen habt, und jede Klasse mit ihren Böcken allein hüten lassen. Es wird zwar von vielen Schäfereibesitzern jenes Verfahren bei der Paarung vorgezogen, welches man den Handsprung nennt, und welches Ihr hier bei den wenigen zur Winterlammung gewöhnten Schafen kennen gelernt habt, allein ich kann Euch dasselbe nicht empfehlen, weil dabei zu viele Schafe güste bleiben. Wie Ihr gesehen habt, bediene ich mich desselben auch nicht einmal bei meinen Eliten-Heerden, sondern setze die für jeden Bock bestimmten Schafe mit demselben in eine Abtheilung zusammen. Ich thue dies nun auch theils deshalb, um nicht zu viel güste Schafe zu haben, theils aber auch deshalb, um auch gewiß überzeugt zu sein, daß jedes Schaf zu dem Bock kommt, für welchen ich es bestimmt habe; denn es ist doch leicht möglich, daß der den Probir-Bock beaufsichtigende Schäfer die dem Schafe ins Ohr tätowirte Nummer falsch lese, und es dann zu einem anderen als für dasselbe bestimmten Bock brächte. Damit nun aber die zu einer Anzahl Schafe zum Sprunge zugelassenen Böcke sich nicht über ihre

Kräfte anstrengen, und schwächliche Lämmer erzeugen, müßt Ihr sie während der Sprungzeit gut mit Hafer füttern, und sie nur bei Tage unter den Schafen lassen, des Nachts aber herausnehmen.

Noch muß ich Euch darauf aufmerksam machen, daß Ihr nie jüngere Böcke als 2 und 2½jährige zum Sprunge benutzt, und ebenso nie jüngere als 2 und 2½jährige Schafe zum Bocke laßt, weil dies leicht Veranlassung zur Entstehung der Traberkrankheit giebt, wie ich Euch dies früher erklärt habe, als wir über diese Krankheit sprachen.

Sehr wichtig ist der Ankauf und die Auswahl der für Eure Heerde passenden Böcke, und sehet Ihr wol ein, wie viel darauf ankömmt, daß, wenn Euch dieses Geschäft künftig überlassen wird, Ihr eine richtige Wahl treffet. Denn geschieht dies nicht, und macht Ihr hiebei Mißgriffe, so wird die Nachzucht fehlerhaft und unbrauchbar sein, und Ihr werdet mit Eurer Schäferei, hinsichtlich ihrer Wolleigenschaften, statt vorwärts, immer mehr zurückkommen. Zunächst müßt Ihr Euch nach dem Gesundheitszustande der Schäferei erkundigen, aus der Ihr Böcke kaufen wollt, damit Ihr nicht an solche gerathet, in der gefürchtete Krankheiten so sehr vorherrschen, daß sie jährlich starke Verluste dadurch erleiden, weil Ihr sonst die Anlage zu solchen Krankheiten mit in Eure Heerde verpflanzen könntet. Habt Ihr nun hiernach eine Schäferei gewählt, und dort Böcke gefunden, wie Ihr sie braucht, und haben dieselben sich auch gut in Eurer Schäferei vererbt, so müßt Ihr auch ferner aus derselben Eure Böcke kaufen, und nicht immer aus einer Schäferei in die andere gehen, um es auch dort einmal zu versuchen. Denn Euer Ziel bei Züchtung einer veredelten Schäferei muß stets sein, eine Heerde zu erhalten, die in ihren Wolleigenschaften möglichst ausgeglichen ist; dies werdet Ihr aber dann nie erreichen. Denn jede Stammschäferei hat ihren eigenthümlichen Charakter, sie hat ihre guten und ihre weniger guten Eigenschaften, die sich bei den aus ihr gekauften Thieren, wenn sie aus einer homogenen Züchtung hervorgegangen sind, auch constant vererben werden; Ihr könntet also leicht mit den Böcken aus der einen Schäferei wieder verderben, was Ihr mit denen aus einer anderen gut gemacht habt, oder würdet doch mindestens nie eine ausgeglichene Heerde erhalten.

Deshalb darf auch eigentlich keine Stammschäferei aus anderen Schäfereien Böcke kaufen, wenn sie nicht durch jedesmaligen Ankauf auf mehrere Jahre die constante Vererbung, welche nur durch Inzucht festzuhalten ist, verlieren will, sondern sie muß in der eigenen Heerde alle Mittel besitzen, um sich das zu schaffen, was sie braucht.

Noch fehlerhafter würde es aber sein, wolltet Ihr glauben, wenn Ihr durch Mühe und Fleiß und richtige Auswahl von Sprungböcken schon eine recht ausgeglichene Heerde mit feiner Wolle Euch geschaffen, Ihr brauchtet nun keine Böcke mehr aus fremden Stammschäfereien zu kaufen, sondern könntet selbst aufgezogene Böcke zur Zucht verwenden. Dann würdet Ihr nie vorwärts kommen, Eure Schäferei würde vielmehr in ihren guten Wolleigenschaften zurückgehen, denn solche Thiere können wol einzelne gute Lämmer, aber nie eine brauchbare Nachzucht liefern. Ihr selbst habt es ja hier gesehen, wie sorgsam man bei der Paarung verfahren, wie genaue Stammregister man führen muß, um die Vorfahren der zur Zucht zu benutzenden Thiere genau zu kennen, und aus ihren Eigenschaften auf die Vererbung der zum Sprung auserwählten Böcke schließen zu können. Ja, wie selbst dies mir nicht genügt, sondern wie ich den 1½ Jahr alten Böcken 6 bis 8 Schafe mit verschiedenem Wollcharakter aus der vorn angeführten gemischten Heerde gebe, um aus der gefallenen Nachzucht diejenigen Thiere kennen zu lernen, mit denen sie sich am besten vererben werden. Was hilft Euch also selbst ein guter Bock aus Eurer Heerde, dessen Vorfahren Ihr nicht kennt, da Ihr keine Stammregister führt, und von dem Ihr nicht wissen könnt, welche Fehler seiner Vorfahren er bei seinen Nachkommen vererben wird? — Kauft deshalb immer Böcke aus edlen Heerden; die aufgewandten Kosten werden sich immer reichlich durch eine bessere Nachzucht wieder verwerthen.

Was Ihr nun bei der Auswahl der Böcke hinsichtlich ihres Wollcharakters zu berücksichtigen habt, um ein für Eure Heerde brauchbares Thier zu kaufen, habe ich Euch vorn gesagt, als ich mit Euch von der Eintheilung der Heerde in Klassen sprach. Aber außerdem habt Ihr auch noch Eure Aufmerksamkeit auf die äußere Gestalt des Bocks zu richten. Derselbe muß groß und kräftig sein, und ein breites Widerrist haben, denn kleine schwächliche Thiere mit spitzem Widerrist vererben schlecht und bringen auch die Heerde in der Größe ihrer Thiere zurück. Er muß einen gut bewachsenen Kopf, dicke mit Wolle oder Haaren bewachsene Ohren, und breit abstehende Hörner haben, auch unterhalb der Ohren, an der Halsseite, dicht mit Wolle bewachsen sein; denn Böcke mit kahlem Kopf, rothspitzigen dünnen Ohren, spitz zulaufenden Hörnern und dünn bewachsener Halsseite können auch nur dünnwollige Lämmer mit spitzen kahlen Köpfen und rothspitzigen Ohren, also nie eine brauchbare Nachzucht liefern, zumal wenn sie aus einer homogenen Paarung solcher fehlerhaften Thiere sollten hervorgegangen sein. Auch muß der Bock kräftige, gradestehende Hinterbeine haben, da krummbeinige Thiere nur schwächliche Lämmer erzeugen. Sehr vorsehen auch müßt Ihr Euch beim Ankauf von Sprungböcken, daß Ihr keine Thiere mit mattem oder gar gezwirntem Widerrist und Arm kauft, denn dies sind Fehler, die sehr schwer auszurotten sind, und sehr nachhaltig vererben. Daß Ihr keine Thiere wählen dürft mit schwarzen oder braunen Flecken in der Wolle, darauf darf ich Euch nicht erst aufmerksam machen; doch vor schwarzen Strichen im Horn oder schwarzen Flecken am Maul dürft Ihr Euch nicht fürchten, denn diese vererben nicht in der Wolle.

Habt Ihr nun ein Thier gefunden, wie ich es Euch beschrieben, und wie es für Eure Heerde paßt, so beruhigt Euch dennoch nicht dabei, und glaubt, es sei Euch nun geholfen, sondern prüfet dasselbe gleich an seiner Nachzucht, dieselbe könnte ja doch schlecht sein; denn, wie Ihr wißt, vererben sich viele Thiere nicht nach sich, sondern nach ihren Vorfahren. Betrachtet also alle von einem Bock erzeugten Lämmer genau, wenn sie etwa 14 Tage, höchstens 3 Wochen alt sind, um seine Vererbung kennen zu lernen; denn Ihr habt hier gesehen, daß man an denselben grade in diesem jugendlichen Alter diejenigen Wolleigenschaften erkennen kann, welche sie zeigen werden, wenn sie 2 oder 2½ Jahr alt sind, und die Wolle sich ausgebildet hat. Ihr werdet durch dieses Verfahren den Vortheil haben, sogleich beurtheilen zu können, ob der gekaufte Bock für Eure Heerde paßt, und sich gut in derselben vererbt, oder ob dies nicht der Fall ist, und Ihr ihn wieder abschaffen müßt.

Schließlich mache ich Euch noch darauf aufmerksam, daß Ihr selbst einem kräftigen Bocke nicht mehr als 50, höchstens 60 Schafe zum Decken geben dürft, wenn er nicht übermäßig angestrengt werden und schwächliche Lämmer zeugen soll.

VI.

Von der Wäsche der Schafe.

Wollt Ihr erst an die Schafwäsche denken, wenn die Zeit da ist, wo die Schafe gewaschen werden sollen, so ist es zu spät, und nie werdet Ihr dann eine gute Wäsche bekommen. Dies wird nur der Fall sein, wenn Ihr das ganze Jahr hindurch daran denkt, daß die Wolle, welche das Schaf trägt, auch gut gewaschen sein muß, wenn sie sich gut verkaufen soll, wenn Ihr also sowohl im Sommer als auch im Winter dafür sorgt, daß Eure Schafe so gehalten werden, daß eine gute Wäsche möglich ist.

Dies geschieht aber, wenn Ihr Folgendes beobachtet: Im Sommer müßt Ihr dahin sehen, daß die Schafe immer möglichst gleichmäßig auf der Weide ernährt werden, damit die Wolle in ihrem Wuchs nicht gestört wird; Ihr müßt dafür sorgen, daß die Weideplätze von Disteln und Dornen gereinigt sind, damit sich dieselben nicht in der Wolle festsetzen, oder das Vließ zerreißen. Ihr müßt es verhüten, daß die Schafe nicht auf der Weide durchnäßt werden, sondern sie bei drohendem Regen eintreiben, auch dürft Ihr sie nie dem Staube sehr aussetzen, und sollt immer dafür sorgen, daß sie eine reinliche und trockene Streu im Stalle finden. Seid Ihr gezwungen, Eure Schafe des Nachts in Hürden liegen zu lassen, so darf dies doch nie geschehen nach heftigem Regenwetter, wo der Boden noch naß und feucht ist, oder gar bei noch anhaltendem Regen. Es erfordert dies nicht nur die Sorge für eine gute Beschaffenheit der Wolle, sondern noch vielmehr die Sorge für Erhaltung der Gesundheit der Euch anvertrauten Heerde.

Eben so aufmerksam müßt Ihr aber auch Eure Heerde im Winter behandeln. Ihr müßt sie in einem immer gleichmäßigen Futterzustande erhalten, und habe ich Euch deshalb den Futterwerth verschiedener Futtermittel kennen gelehrt, damit Ihr immer im Stande seid, dies beobachten zu können. Es ist dies nicht nur nöthig für die Erhaltung der Gesundheit der Schafe, sondern ein hierin gemachtes Versehen ist auch sogleich an der Wolle sichtbar, macht eine gute Wäsche schwierig, und verringert dadurch natürlich den Werth der Wolle.

Sehr vorsichtig müßt Ihr aber auch sein, daß Ihr Eure Schafe nicht in einem zu warmen dicht verschlossenen Stalle haltet. Es entsteht dadurch ein beißender Dunst in demselben, welcher, wie ich Euch dies schon früher auseinandergesetzt habe, der Gesundheit der Schafe höchst nachtheilig ist. Derselbe wird aber auch in doppelter Hinsicht für die Wolle höchst nachtheilig und verringert ihren Werth sehr. Erstens fällt dieser Dunst beim Hinzutreten der äußeren kalten Luft als Feuchtigkeit auf die Wolle nieder, und wirkt eben so nachtheilig auf dieselbe, wie ein sie durchweichender Regen. Zweitens hat derselbe aber auch bei verschlossenen Stallthüren die Eigenschaft, die fettähnliche Substanz, welche die Wollhaare bei sich führen, aufzulösen. Kommen nun die Thiere an die frische Luft, so verhärtet sich diese Substanz und setzt sich in rostigen Flocken an die Wollhaare. Diese ziehen sich zusammen und dehnen sich, wenn die Thiere in den Stall zurückkommen, wieder aus, und eben dieser stete Wechsel erschwert auch eine gute Wäsche der Wolle und verringert deren Werth.

Ihr seht also aus dem, was ich Euch mitgetheilt habe, daß es nicht allein genügt, die Wolle nur rein zu waschen, um eine preiswürdige Waare zu Markte zu bringen, sondern daß Ihr wirklich das ganze Jahr hindurch Eure Heerde mit Aufmerksamkeit behandeln müßt, um dies Ziel zu erreichen.

Was nun die Wäsche selbst betrifft, so habe ich Euch über dieselbe Folgendes zu sagen.

Die Zeit zur Schafwäsche muß so weit als möglich hinausgeschoben werden, denn je wärmer das Wasser ist, je besser wäscht es. Auch müßt Ihr möglichst dahin sehen, daß Ihr nicht in fließendem, sondern in stehendem, vom Regen und Schnee gebildeten Teichwasser waschet, denn dieses ist weich und wäscht gut, während ersteres hart ist, und der Wolle gewöhnlich ein schlechtes Ansehen und ein hartes Gefühl giebt. Ist der zur Wäsche bestimmte Teich mit schattigen Bäumen umgeben, unter denen die Schafe, geschützt vor den Strahlen der Sonne, so lange weiden können, bis der ganze Posten gewaschen ist, so ist dies ein sehr großer Vortheil, dessen sich nicht viele erfreuen.

Beiliegende Zeichnung (Tafel I.) stellt die Einrichtung vor, wie Ihr sie hier gesehen, und wie ich mich ihrer seit vielen Jahren bei der Wäsche bediene; und will ich Euch dieselbe hier näher beschreiben, und die Maaße genau angeben, damit Ihr sie Euch merken könnt. A ist die Brücke, von welcher die Schafe ins Wasser springen müssen. Sie ist 3 F. über dem Wasserspiegel, 12 F. breit und 10 F. lang. B ist ein mit Hürden umgebener gepflasterter Platz vor der Brücke, auf welchem die Schafe stehen, welche gewaschen werden sollen. C sind zwei auf dem Wasser schwimmende Brücken. Sie bestehen aus 4 durch Scheiden verbundenen Stücken Bauholz, auf welchen dann Bretter gelegt sind, und hängen mit eisernen Ketten so an den sechs Pfählen G, daß sie in gleicher Höhe mit dem Spiegel des Wassers sich befinden. Sie sind 46 F. lang und 4 F. breit. D ist ein Steig von Brettern, so lang wie C und durch einen 8 F. breiten Raum Wassers von C getrennt, auf welchem sich die Aufsichts-Beamten befinden, damit sie die Arbeit gehörig beaufsichtigen können. E sind drei 20 bis 24 F. lange, zu einer Brücke vereinigte Bretter, welche oben mit 6 Zoll von einander entfernten Querleisten versehen ist. Dieselbe dient dazu den Schafen das Hinausgehen aus dem Wasser zu erleichtern, und soll es verhindern, daß sie in den Schmutz fallen, wenn sie sich durch Schütteln von dem im Pelz befindlichen Wasser befreien wollen. F sind Hürden, welche von da ab, wo die letzten Wäscher auf den Brücken C sich befinden, senkrecht im Wasser festgeschlagen sind, und bis zum Lande, wo die Brücke E liegt, reichen, damit die rein gewaschenen Schafe diese 30 bis 40 F. lange Strecke noch durchschwimmen müssen, und nach der Ausgangsbrücke E hingeführt werden.

Die Schafe, welche nun des nächsten Tages gewaschen werden sollen, werden am Abend vorher eingeweicht. Sie werden nach dem bei der Schafwäsche befindlichen Platz B getrieben und müssen einzeln von der Brücke A hinunter ins Wasser springen. Während sie die ganze Wäsche bis E durchschwimmen, werden sie von Leuten, die auf C und D, der Brücke und dem Steige, stehen, durch eine Micke, die ihnen ins Genick gesetzt wird, mehrmals ganz untergetaucht, damit sie überall, namentlich am Kopfe und Halse ordentlich durchnäßt werden, und kommen dann gleich wieder in den Stall zurück. Hier werden Thüren und Fenster zugemacht, damit die Schafe nicht durch die über sie hinziehende Zugluft an der Gesundheit leiden, und auch die Wolle nicht zu rasch trocknet. Es ist gut, wenn dies Einweichen so spät wie möglich geschieht, damit die Gipfel der Wollstapel, in welchen sich der meiste Schmutz befindet, bis zum anderen Morgen nicht wieder trocken werden.

Viele lassen beim Einweichen der Schafe am Abend vor der Wäsche dieselben mehrmals durch das Wasser schwimmen; dies ist jedoch nicht gut, und Ihr dürft es nicht nachahmen. Denn das Einweichen des Abends soll ja nur dazu dienen, den Schmutz, der in den Gipfeln der Stapel sitzt, so weit anzufeuchten, daß er sich am anderen Morgen leichter auflösen und auswaschen läßt. Wenn Ihr aber nun die Schafe schon am Abend mehrere Male durch das Wasser schwimmen laßt, so löst sich der in der Wolle befindliche Schmutz zu sehr auf, wird flüssig, läuft während der Nacht bis auf die Haut des Thieres hinunter, und trocknet hier wol gar an; die so eingeschmutzte Wolle läßt sich sehr schwer rein waschen, und bekömmt nie den schönen weißen Schein, den sie erhalten haben würde, hättet Ihr die Schafe nicht beim Einweichen zu oft geschwemmt, und dadurch den Schmutz flüssig gemacht. Die Schafe dürfen also am Abend vor der Wäsche nur einmal geschwemmt werden.

Am andern Morgen ganz früh wird dann die Hälfte des ganzen Postens, welcher gewaschen werden soll, ein- bis zweimal, in derselben Art, wie am Abend zuvor, geschwemmt, und in dem Raum B zur Reinwäsche aufgestellt. Die andere Hälfte bleibt im Stalle. Auf der Waschbrücke C haben sich nun etwa 16 Leute auf mit Stroh ausgestopfte Säcke hingelegt, und nehmen diejenigen Schafe, welche von zweien, auf der Brücke A stehenden Leuten zum Hinunterspringen ins Wasser genöthigt werden, in Empfang, und zwar je zwei Leute ein Schaf, von denen der eine den Kopf, der andere den Schwanz anfaßt, und dann Kopf, Hals und Keulen rein wäscht, über die übrigen Körpertheile aber nur mit der flachen Hand hin- und herfährt. Durchaus fehlerhaft würde es sein, mit krummen Fingern zu waschen und in die Wolle hineinzugreifen; denn dieselbe ist ja unten rein, und nur oben sitzt der Schmutz, den ich also hinunterdrücke, wenn ich in die Wolle hineinfasse, und dadurch nicht allein die Arbeit erschwere, sondern auch den Stapelbau der Wolle zerstöre, und den schönen Glanz der Wolle durch den hineingedrückten Schmutz für immer verliere. Haben die vordersten, von der Brücke A am entferntesten liegenden zwei Paare Wäscher ihre Thiere rein gewaschen, so werden diese losgelassen, und alle anderen im Wasser befindlichen Schafe weiter gegeben, so daß die der Brücke A zunächst liegenden zwei Paar Wäscher zwei neue Schafe erhalten; denn es erleichtert die Aufsicht sehr, und macht es unmöglich, daß ein schlecht gewaschenes Schaf aus der Wäsche kommt, wenn nicht jedes Paar Wäscher das gewaschene Schaf loslassen darf. Die losgelassenen Schafe müssen nun noch bis zu der mit Leisten versehenen Brücke E schwimmen, wo sie nochmals von einem Schäferknecht oder dem Schafmeister genau besichtigt, und, wenn sie gut sind, hinausgelassen werden, um unter den schattigen Bäumen die anderen zu erwarten. Ist nun diese eine Hälfte des ganzen Postens so durchgewaschen, so werden die Schafe wieder nach der Brücke A gebracht, und müssen noch einmal durchschwimmen, damit sich die Wolle dadurch wieder in ihre natürliche Lage legt, und der etwa noch lose darin sitzende Schmutz herausschwimmt. Dann wird die zweite im Stalle befindliche Hälfte des ganzen Postens geholt, erst geschwemmt, und dann eben so gewaschen, wie die erste Hälfte. Sollte am Tage der Wäsche trübes Wetter sein, so können die Schafe gleich auf die Weide geführt werden, ist es aber ein heißer Tag mit hellem Sonnenschein, so müssen sie gleich wieder nach der Wäsche in den Stall zurück, und dort bis gegen Sonnenuntergang verbleiben, um dann erst auf die Weide geführt zu werden. Denn nichts ist nachtheiliger, als die so eben gewaschenen Schafe gleich von der heißen Sonne bescheinen zu lassen, weil dadurch die Oberfläche der Wolle zu rasch trocknet, und sich harte gelbe Spitzen bilden, die der Wolle nicht allein ein schlechtes Ansehen geben, sondern auch ihren Werth als Handelswaare verringern. Auch am zweiten Tage müssen dieselben noch in den Mittagsstunden im Stalle gehalten werden, und erst am Abend des dritten Tages werden sie in der Regel so trocken sein, daß sie am vierten Tage geschoren werden können.

Daß es nöthig ist, den gewaschenen Schafen während ihres Aufenthalts im Stalle eine sehr reichliche Streu zu geben, brauche ich Euch nicht zu sagen, und eben so wenig, daß

Ihr die Schafe nach der Wäsche sowol vor dem Naßwerden durch Regen als auch vor dem Einstauben bewahren müßt. Solltet Ihr nicht ohne über staubige Wege zu treiben nach der Weide kommen können, so müssen dieselben an den Stellen, wo Ihr sie übertreiben müßt, jedesmal mit Wasser gesprengt werden. Durch Vernachlässigung und Unachtsamkeit nach der Wäsche wird oft alle Arbeit und jeder auf dieselbe verwendete Fleiß unnütz gemacht, und nach einer schönen gelungenen Wäsche dennoch eine schmutzige Wolle von schlechtem Aussehen zu Markte gebracht. Noch muß ich Euch daran erinnern, daß es gut ist, am Abend vor dem zur Schur bestimmten Tage den gewaschenen Schafen Salz zu geben. Sie haben dann nicht allein Verlangen nach demselben, sondern kommen auch dadurch während der Nacht in einen gelinden Schweiß, welcher der Wolle ein mildes und weiches Gefühl giebt, das ihr auch nach der Schur verbleibt.

Die Euch jetzt beschriebene Wäsche ist die gewöhnliche, welche in vielen Schäfereien angewendet wird; es giebt jedoch noch mehrere Arten, die Schafe zu waschen, und will ich Euch noch einige derselben beschreiben.

1. Die warme Wäsche.

Schafe mit schwerflüssigem Fettschweiß, lassen sich durch die obige Schwemm- und Sturz-Wäsche nicht immer rein waschen, weil das kalte Wasser den in der Wolle haftenden Schweiß nicht auflöst, sie müssen daher mit warmem Wasser und künstlichen Waschmitteln gewaschen werden. Als künstlicher Waschmittel bedient man sich der Seifenwurzel, der schwarzen Seife und auch des weißen gereinigten Thons. Ersteres Mittel wird 2 Tage vor der Wäsche in kaltem Wasser eingeweicht, letztere beide Mittel aber bei der Wäsche in heißem Wasser aufgelöst. Nachdem nun die Schafe die Schwemm-Wäsche überstanden haben, wie ich Euch solche vorher beschrieben, oder doch wenigstens, nachdem sie am Abend vorher eingeweicht waren, am Morgen mehrmals geschwemmt worden sind, werden sie der künstlichen warmen Wäsche unterworfen. Zu derselben bedient man sich großer wasserdichter Kasten, ähnlich denen, welche man zum Transport der Kartoffeln gebraucht. Man füllt dieselben mit lauwarmem, höchstens bis zu 18° R. erwärmtem Wasser, und setzt dann drei Schafe in einen solchen Kasten hinein. Bei jedem Schaf werden zwei Männer und eine Frau angestellt; die Männer halten dasselbe mit einer Hand am Kopf und Hintertheil, und waschen mit der anderen Hand an diesen Theilen, die Frau aber wäscht die übrigen Theile des Körpers, jedoch auch nur mit flacher Hand. Ein Mann ist damit beschäftigt auf die im Kasten befindlichen Schafe fortwährend etwas von dem aufgelösten Waschmittel aufzugießen, wovon die Seife und der Thon vorher lauwarm gerührt sein müssen, so daß sie nicht mehr wie 18° Wärme haben; denn eine höhere Temperatur entfettet die Wolle zu sehr und macht sie hart. Die im ersten Kasten rein gewaschenen Schafe werden in einem zweiten, der gleichfalls bis zu 18° erwärmtes aber reines Wasser enthält, abgespült, und alsdann in den gut gestreuten Stall gesetzt. Sind nun alle Schafe auf diese Weise rein gewaschen, so werden dieselben nach dem zum Waschen bestimmten Teich geführt, und müssen hier von der Brücke herunter springen, und den Teich durchschwimmen. Es ist dies deshalb nöthig, damit sich die Wollhaare durch das Schwimmen wieder in ihre natürliche Lage legen, und der Geruch des gebrauchten Waschmittels sich verliert.

2. Die Spritzwäsche.

Hierzu bedient man sich einer gewöhnlichen Feuerspritze, welche jedoch mehrere Schläuche hat. Das zu waschende Schaf wird von zwei Männern, welche hinter einem 3 Fuß hohen

Schirm von Brettern stehen und lederne Schurzfelle umhaben, gehalten, während ein dritter Mann den Schlauch regiert. Derselbe wird dem Thiere so nahe wie möglich gebracht, und nach und nach auf alle Stellen des Körpers hingeleitet, wo denn die Kraft des Wasserstrahls allen Schmutz herausreißt. Nachdem so die Schafe rein gewaschen sind, werden auch sie wieder geschwemmt, damit sich die Wolle in ihre natürliche Lage legt.

Wenn gleich nicht zu läugnen ist, daß die Wolle bei dieser Art zu waschen sehr weiß wird, so hat sie doch zwei sehr große Uebelstände.

Durch das Herausreißen des Schmutzes, der sich in der Wolle befindet, und vermöge der ungleich wirkenden Kraft des Wasserstrahls, werden die Wollhaare in einander gewirrt, und der Stapelbau des Vließes gänzlich zerstört. Dadurch gehen die charakteristischen Eigenschaften des Vließes gänzlich verloren, und das Sortiren desselben wird dem Sortirer, der darauf eingeübt ist sich dabei nach der äußeren Stapelbildung zu richten, sehr erschwert. Dann aber wird auch die Wolle durch diese Art von Wäsche so sehr entfettet, daß der Gewichts-Verlust bei den Vließen so groß ist, daß er durch den höheren Preis, welcher für die ganz rein gewaschene Wolle gezahlt wird, nicht ausgeglichen werden kann.

3. Die Druckwäsche.

Diese Art der Schafwäsche, welche deshalb Druckwäsche genannt wird, weil bei derselben durch den eigenen Druck des Wassers gewaschen wird, ist auf folgende Weise eingerichtet: Unmittelbar an dem zur Schafwäche bestimmten Teich wird auf einem 15 Fuß hohen Gerüst eine Art Bottich aufgestellt, welcher etwa 6—800 Quart Wasser enthält. Neben demselben, im Teiche selbst, steht ein Pumpenrohr, um mit demselben Wasser in den Bottich zu pumpen. An dem Bottich sind

3 bis 4 Schläuche, die wie die Spritzenschläuche mit Mundstücken versehen sind, befestigt, und wird nun hier durch den eigenen Druck des Wassers die Arbeit des Waschens eben so verrichtet, wie mit der Feuerspritze.

Da Ihr bei dieser Art zu waschen es in Euerer Gewalt habt, die Kraft des Wassers zu regeln, dieselbe auch immer gleichmäßig und nicht stoßweise bei der Arbeit wirkt, so ist es möglich, durch diese Art die Schafe zu waschen die Vortheile der Spritzwäsche zu benutzen, ohne ihre Nachtheile sehr fürchten zu dürfen.

VII.

Von der Schur der Schafe.

Um bei der Wäsche und Schur auch dagegen gerüstet zu sein, wenn während derselben regnige Witterung eintreten sollte, müßt Ihr im Laufe des Winters nicht allein dafür sorgen, daß das nöthige Stroh zu einer recht reichlichen Streu für die Schafe auf dem Boden des Schafstalls zurückgelegt werde, sondern Ihr müßt auch so viel Heu übrig behalten, daß die Schafe bei eintretendem Regenwetter im Stalle gefüttert werden können, und nicht hungern dürfen. Wenn Ihr nun dies gethan, und es also dadurch möglich gemacht habt, dahin zu sehen, daß Eure rein gewaschenen Schafe sich auch während des Trocknens nicht wieder einschmutzen können, so werdet Ihr bei der Schur eine schöne preiswürdige Wolle erlangen.

In vielen Schäfereien werdet Ihr einen gedielten Platz im Schafstalle finden, auf dem die Schafe geschoren und die Vließe verpackt werden können. Wo dies aber nicht der Fall ist, müßt Ihr Euch einen passenden Theil des Schafstalles durch Legen von Brettern oder Ausbreiten der zu Wollsäcken bestimmten Leinwand zum Schurplatz einrichten, denn es ist nicht gut auf Scheunfluren zu scheeren, weil dort die Wolle leicht wieder durch von oben herabfallenden Staub beschmutzt wird.

Was das Scheeren selbst betrifft, so habt Ihr hauptsächlich darauf zu sehen:

1) daß die zum Schafescheeren bestimmten Leute nicht zu eng zusammen sitzen, denn um diese Arbeit gut verrichten zu können, ist es durchaus nöthig, daß sie sich frei und ungehindert bewegen können;
2) daß die Vließe nicht zerrissen und beschmutzt werden;
3) daß die Wolle auf derselben Stelle gleich mit einem Male, und zwar glatt an der Haut abgeschnitten wird, so daß keine Stufen stehen bleiben, denn ein nicht glatt abgeschorenes Schaf wird später nie eine gleichständige Stapelung zeigen;
4) daß die Schafe nicht geschnitten, oder mit der Scheere gestochen werden.

Um nun die zum Schafescheeren bestimmten Leute zu Fleiß und Aufmerksamkeit anzuregen, und eine auf oben beschriebene Weise ausgeführte zufriedenstellende Arbeit zu erhalten, ist es gut, denselben die abgeschorenen Thiere nicht nach der Stückzahl zu bezahlen, sondern ihnen lieber ein erhöhtes Tagelohn zu geben, zugleich aber auch anzuschreiben, wie viel Schafe von jedem Arbeiter gut abgeschoren sind. Den drei oder vier Arbeitern nun, welchen die wenigsten Schafe angeschrieben sind, wird nur das gewöhnliche Tagelohn gezahlt, den drei oder vier Arbeiten aber, welchen die meisten Schafe angeschrieben sind, wird außer dem erhöhten Tagelohn auch noch das den schlechten Arbeitern abgezogene Geld als Prämie ausgezahlt. Durch dieses Verfahren ist es mir überall gelungen, mir in kurzer Zeit brauchbare Schafscheerer zu verschaffen.

Daß auf dem Schurplatze die größte Reinlichkeit herrsche ist dringend nöthig, deshalb muß immer Jemand damit beschäftigt sein, den Schmutz von demselben zu entfernen, ein anderer aber, die liegen gebliebenen Flöckchen und Stücke Wolle zusammenzulesen, nicht aber mit dem Besen zusammenzukehren. In der Mitte des Schurplatzes müssen sich zwei Tische befinden, von denen der eine statt der Platte mit eng aneinanderstehenden dünnen Sprossen, oder mit einem aus starkem Bindfaden geflochtenen Netz versehen ist. Auf dem einen Tische werden von einem mit dieser Arbeit beauftragten Manne die abgeschorenen Vließe leicht zusammengerollt aufgelegt, während bei dem Sprossen-Tische der Schafmeister mit einem Gehülfen beschäftigt ist, die auseinandergebreiteten und mit der Schnittseite nach unten hingelegten Vließe auszuschütteln, um den etwa in denselben noch befindlichen Staub und Sand daraus zu entfernen. Darauf wird die gelbe Wolle, die etwa mit Futter-Resten versehene Halswolle, auch wol die äußerste Spitze der Schwanzwurzel vom Vließe abgerissen, und zu den Locken gethan. Dann wird ein zweites Vließ aufgelegt, und eben so behandelt. Sollten sich Stücke guter reiner Wolle angesammelt haben, so werden einige davon glatt auf die beiden Vließe hingelegt, und nun dieselben auf die Euch bekannte Weise zusammen gerollt, und mit einem feinen Bindfaden kreuzweis zugebunden, um dann später zum Transport verpackt zu werden.

Bei dieser Gelegenheit müßt Ihr auch die Vließe der angekauften Böcke genau besehen, um Euch davon zu überzeugen, ob deren Wolle auch im gewaschenen Zustande die verlangten guten Eigenschaften besitzt, wie sie Euch hier bei der Schur an den einzelnen Thieren gezeigt und kennen gelehrt sind. Denn es giebt Thiere, deren Wolle Euch im ungewaschenen Zustande sehr gefällt, die aber gewaschen unedel aussieht, und ein hartes Gefühl hat. Das ist aber ein Fehler, vor dem Ihr Euch hüten und solche Thiere in Eurer Heerde nicht zum Sprunge benutzen müßt. Denn auch diese Eigenschaft vererbt sich auf die Nachkommen, und Ihr erhaltet dadurch von Euren Schafen eine Wolle, die eine schlechte Marktwaare ist, nur mit niedrigen Preisen bezahlt wird, und daher den Zweck, den Ihr bei Züchtung Euerer Heerde verfolgen sollt, nicht erfüllt.

Wenn die Wolle nach dem Euch oben beschriebenen Verfahren in Bündel gebunden ist, wird sie in große Säcke gepackt und so zum Markte gefahren. Viele Schäfer haben nun die Mode, die Wolle in diesen Säcken recht fest treten zu lassen, und suchen eine Ehre darin, wenn die Säcke recht rund gerathen sind. Dies ist aber ein ganz verkehrtes Verfahren, vor dem ich Euch nicht genug warnen kann; denn nur zu oft erhält die Wolle durch diese Behandlung ein so schlechtes Ansehen, daß fast alle auf Wäsche und Schur verwendete Mühe dadurch verloren geht. Vielmehr muß das Verpacken der Wolle auf folgende Weise geschehen, wenn dieselbe dabei an ihrem äußeren Ansehen nicht verlieren soll:

Es werden Säcke von guter starker Leinewand, etwa 12 Fuß lang, gemacht, die an beiden Enden zugenäht sind, in der Mitte aber eine vier Fuß lange mit Schnürlöchern versehene Oeffnung haben. Hier hinein werden nun die Bündel Wolle gepackt, nicht getreten, und wenn der Sack angefüllt ist, wird die Naht zugeschnürt und ein Streifen Leinewand als Klappe darüber befestigt, damit es beim Transport der Säcke nicht hineinstauben kann. Auf dem Markte werden die Säcke so gelagert, daß die Klappe oben ist, und kann dann jeder Käufer durch die aufgeschnürte Naht sämmtliche im Sack befindliche Wolle genau besehen.

Viele Wollen edler Heerden werden auch ohne Säcke in

bedeckten, vor Staub und Regen geschützten Wagen zum Markt gefahren, und dort in gemietheten Zimmern zum Verkauf ausgelegt. Es ist dies jedoch ein durch den erschwerten Transport und die hohe Zimmer-Miethe zu theures Verfahren, als daß es vortheilhaft sein könnte, sich desselben auch bei geringeren Wollen zu bedienen.

VIII.

Ueber das Dienst-Verhältniß des Schäfers.

Zum Schluß will ich noch mit Euch über das Dienst-Verhältniß sprechen, in welches Ihr dereinst als Schafmeister treten werdet.

In früheren Zeiten besaßen der Schafmeister und sogar die ihm untergebenen Schäferknechte ihren Antheil an der Schäferei in ihnen eigenthümlich gehörendem Vieh, welches sich mit unter der herrschaftlichen Heerde befand; ja in manchen Schäfereien gehörten auch dem Schäfer die Raufen, und nahm derselbe, wenn er zu einem anderen Herrn zog, nicht allein sein Schaf-Vieh, sondern auch sein sämmtliches Futtergeräth mit hinweg. Ihr könnt wol denken, welche Nachtheile dieses Verfahren durch Einschleppen von Krankheiten u. s. w. mit sich brachte, und zu welchen Veruntreuungen es Veranlassung gab. Deshalb wurde es von der Regierung strenge verboten, dergleichen Kontrakte abzuschließen, nach welchen der Schäfer und die Knechte ihren Antheil an der Schäferei in ihnen eigenthümlich gehörendem Vieh besitzen dürfen, und mußten alle dergleichen Kontrakte aufgehoben werden. Ihr findet daher jetzt diese Art von Kontrakten zwar nirgends mehr im Gebrauch, allein leider herrscht in manchen Schäfereien noch die üble Gewohnheit, daß die Schäfer und Schäferknechte einige eigene Hammel der Landrasse, sogenannte Strumpfhammel, besitzen, und diese bei ihren Umzügen aus einer Schäferei in die andere mitnehmen. Ich kann Euch nur rathen, dergleichen Verhältnisse so viel wie möglich zu vermeiden.

Es wurden nun in den meisten Schäfereien in der Art Dienst-Kontrakte mit den Schäfern abgeschlossen, daß dem Schafmeister der Ertrag eines bestimmten Antheils der herrschaftlichen Heerde, etwa $\frac{1}{8}$, als Lohn zugesichert wurde. Bei Uebernahme der Heerde, wurde dann dieselbe durch Sachverständige tarirt, und mußte der Schäfer $\frac{1}{8}$ der Tare als Caution bezahlen. Bei seinem etwanigen Abzuge wurde die Heerde wieder tarirt, und erhielt er seine Caution nach der Tare zurück. Während seines Dienst-Verhältnisses erhielt er den achten Theil sämmtlicher aus der Schäferei aufkommender Einnahmen, mußte aber auch zu allen Ausgaben für dieselbe beitragen; also zum Ankauf von Böcken und Schafen, zu Salz, Oelkuchen, und auch zu allen sonstigen, außer Heu und Stroh, für die Schäferei aus der Wirthschaft verbrauchten Futtermitteln. Außerdem erhielt er Deputat an Körnern, Garten- und Kartoffelland und einige Kühe in freiem Futter, und zwar mehr oder weniger. je nachdem ihm Schäferknechte zur Speisung übergeben waren.

Viele Jahre lang haben sich diese Art von Kontrakten fast allgemein im Gebrauch erhalten, doch wollen auch sie für die jetzigen Verhältnisse nicht mehr recht passen, und besitzen sie auch sonst noch verschiedene Mängel.

Als Mängel nenne ich Euch nur folgende, die aus diesem Dienst-Verhältniß hervorgehen:

1) durch die Tare der Schafe ist leicht ein Theil der von Euch gestellten Caution gefährdet, da die Schäferei ohne Eure Schuld herunterkommen, und bei Eurem etwanigen

Abgange durch augenblicklich schlechte Wollpreise in ihrem Werthe sinken kann.

2) Durch die Bedingung, daß der Schäfer zu allen, außer Heu und Stroh, für die Schäferei gebrauchten Futtermitteln seinen Kosten-Antheil bezahlen muß, wird sich mancher, der wenig Umsicht besitzt und seinen eigenen Vortheil nicht kennt, verleiten lassen, seine Schafe schlechter zu füttern, und es versäumen, seinen Herrn zur rechten Zeit auf den bevorstehenden Futtermangel aufmerksam zu machen, um nur seinen Antheil an dem nöthigen Futterankauf und Körnerfutter zu ersparen. Dadurch wird er dann nicht allein seine Einnahmen beeinträchtigen, sondern auch seinem Brodherrn durch solche Vernachlässigung der Heerde einen sehr großen Schaden zufügen.

3) Führen auch die eigenen Kühe des Schäfers im freien Futter seines Herrn viele Unannehmlichkeiten für beide Theile herbei.

Ganz unpassend ist aber dies durch obige Kontracte herbeigeführte Dienst-Verhältniß für jede Schäferei, deren Besitzer Böcke und Schafe zu so hohen Preisen, wie sie an manchen Orten bezahlt werden, anzukaufen geneigt ist; weil derjenige Schäfer, welcher zu diesen Ankäufen nach seinem Antheil beisteuern soll, stets an seinem Vermögen Schaden leidet, wenn er etwa den Dienst dieses Herrn früher verlassen muß, als er die aus demselben zu erwartenden Vortheile, die sich immer erst nach einigen Jahren zeigen können, genossen hat.

Wenn wir es uns überhaupt recht klar machen wollen, was denn eigentlich durch die Dienst-Kontracte mit Euch bewirkt werden soll, so ist doch der Zweck derselben nur der, daß Ihr durch ein fest bestimmtes Lohn für Eure übernommene Arbeit bezahlt, und Euch für Fleiß und Aufmerksamkeit eine höhere Geld-Einnahme in Aussicht gestellt werden soll, ohne

Euer Vermögen durch die Schwankungen der Wollpreise großen Verlusten auszusetzen.

Aus diesem Gesichtspunkte Euer künftiges Dienst-Verhältniß betrachtend, kann ich Euch daher nur rathen, Euren Brodherrn, in dessen Dienste Ihr getreten, zu bitten, mit Euch in folgender Art Kontrakt abzuschließen, wie es ähnlich schon seit mehreren Jahren in vielen Schäfereien als am zweckmäßigsten anerkannt, und ausgeführt ist.

Es wird Euch ein fest bestimmtes Geldlohn gegeben, und ein Deputat an Körnern, Garten- und Kartoffelland, dessen Höhe sich nach der Anzahl der Knechte richtet, die Ihr zu beköstigen habt. Eigene Kühe dürft ihr Euch nicht halten, sondern es werden Euch dieselben entweder aus dem herrschaftlichen Stalle zur Nutzung übergeben, oder Ihr werdet auf die wöchentliche Verabreichung einer bestimmten Quantität Milch, Butter und Käse angewiesen.

Damit Ihr Euch aber auch selbst anhaltet, stets auf den Vortheil Eures Brodherrn bedacht zu sein, müßt Ihr auch einen kleinen Antheil an seinem Gewinne haben, weil dies Euren Fleiß und Aufmerksamkeit stets rege erhalten wird. Es werden Euch daher für jedes Lamm, welches 4 Wochen nach vollendeter Lammzeit vorhanden ist, 1 bis 2 Sgr. gezahlt, und eben so erhaltet Ihr eine gleiche oder höhere Summe für jedes Mutterschaf, Bock oder Hammel, welche aus der Heerde verkauft werden können.

Um Euren Brodherrn jedoch gegen die bösen Folgen etwaniger Vernachlässigung und Unachtsamkeit von Eurer Seite sicher zu stellen, müßt Ihr demselben eine Caution bezahlen, welche nach der Stückzahl der Euch übergebenen Heerde bestimmt, und wobei festgesetzt wird: daß wenn bei Eurem Abgange mehr Schafe vorhanden sind, als bei Eurem Anzuge vorhanden waren, Ihr für die mehr vorhandenen dasselbe erhaltet, was Euch für die verkauften zugesichert ist, wogegen

Ihr aber auch die weniger vorhandenen eben so bezahlen müßt.

Solltet Ihr auch anfänglich einen Dienst erhalten, der Euch nur ein geringes Lohn sichert und Euch nöthigt, Eure Ausgaben sehr einzuschränken, um mit Eurem Gelde auszukommen, so verzaget deshalb nicht gleich. Wenn Ihr nur Eurem Posten überhaupt mit Treue, Fleiß und Sachkenntniß vorstehet, und auch sonst den Vortheil Eures Brodherrn überall wahrnehmet, und behülflich seid, wo es für ihn etwas zu thun giebt, wenn es auch gerade nicht die Schäferei betrifft, so wird derselbe schon Euren Lohn erhöhen und auch für Euer Wohlergehen Sorge tragen, falls sich Eure Stellung nicht schon in Folge des obigen Kontractes durch Eure eigene Tüchtigkeit verbessert hätte.

Aus Allem, was ich Euch über Eure künftige Wirksamkeit gesagt habe, werdet Ihr ersehen, daß Ihr als Schafmeister einen sehr schwierigen und für das Wohl Eures Brodherrn höchst wichtigen Posten übernehmet, der die größte Aufmerksamkeit, und einen stets regen Eifer erfordert, um alle Eure Pflichten zu erfüllen, und auch Euch dereinst ein zufriedenes und sorgenfreies Leben zu bereiten. Seid daher immer dessen eingedenk, was Euch hier gelehrt ist.

Anhang.

Da schon von mehreren Seiten der Wunsch gegen mich ausgesprochen ist, Abschriften meiner über die hiesige Heerde geführten Stammregister und eine kurze Beschreibung meines bei Züchtung derselben beobachteten Verfahrens zu besitzen, so benutze ich die Gelegenheit, welche mir die Herausgabe meiner Anleitung zur Schafzucht darbietet, um dasselbe mit wenigen Worten zu beschreiben und die nöthigen Tabellen zur Erklärung meiner Stammregister beizufügen.

Aus dem früher Gesagten werden der Zweck der hiesigen Züchtung und meine bei derselben beobachteten Grundsätze deutlich hervorgehen, und wird es daher hier keiner weiteren Auseinandersetzung bedürfen.

Zum Schluß erlaube ich mir die Terminologie der Schafzucht zu geben, wie sie von einer durch die 9te Versammlung deutscher Land- und Forstwirthe zu Breslau erwählten Commission von acht Mitgliedern, zu denen zu gehören ich die Ehre hatte, zwar besprochen ist, jedoch noch bei der 10ten Versammlung deutscher Land- und Forstwirthe zu Grätz, den Commissionsmitgliedern zur Bestätigung vorgelegt werden soll. Dieselbe ist nach dem vom Herrn Landes-Oekonomie-Rath Thaer und Herrn Geheimen Regierungs-Rath Direktor Heinreich entworfenen Protokoll unserer Sitzungen und den von mir während derselben gemachten Notizen bearbeitet.

I.

Beschreibung des Verfahrens bei Züchtung der Frankenfelder Stammschäferei und Erklärung der hier eingeführten Stammregister.

Als ein sehr wichtiges Geschäft bei der Züchtung gilt mir die Lämmersortirung. Deshalb wird jedes Lamm, wenn es ein Alter von 14 Tagen bis höchstens 3 Wochen erreicht hat, genau besehen, und das Resultat der Besichtigung ins Lämmersortirungs-Register (Tabelle II) eingetragen. Bei dieser Gelegenheit wird ihnen auch im rechten Ohr die für das Stammregister bestimmte Nummer tätowirt, und im linken die Jahreszahl der Geburt, und ein I oder E, je nachdem es zum Infantado- oder Electoral-Stamm gehört; außerdem erhalten sie aber noch, um sie dem Schafmeister auch äußerlich leicht erkennbar zu machen, die durch Kerbe im Ohr bezeichnete Familiennummer und das Stammzeichen. Da ihnen nun die Familiennummer und das Stammzeichen gleich bei der Geburt ins Ohr gekerbt, und ein mit einer eingebrannten Nummer versehenes Täfelchen um den Hals gehängt, diese Nummer aber in einem besonderen Buche mit Angabe des Tages der Geburt und der tätowirten und Familiennummer der Mutter notirt wird, so ist dadurch, auch bis zum Tage der Sortirung, jede Verwechselung der Lämmer unmöglich gemacht. Die Lämmer der gemischten Heerde erhalten gleich bei der Geburt das durch Kerbe im Ohr bestimmte Zeichen derselben, und später die tätowirte Jahreszahl der Geburt.

Das Lämmersortirungs-Register betreffend, so enthält, wie Tabelle II. zeigt, die erste Rubrik desselben die Jahreszahl der Geburt, die Tafelnummer des Lamms und die Bezeichnung, ob es Bock oder Zibbe ist. Die zweite und dritte Rubrik enthalten die Familien- und tätowirte Nummer des Vaters und der Mutter des Lamms, und die vierte enthält in wenigen Zeichen das Resultat der Besichtigung von I bis XIV der Tabelle II, und so die Angabe der Beschaffenheit des Lamms in seinem 3wöchentlichen Alter, als auch die Andeutung, wie dasselbe nach 2 oder 2½ Jahren, je nachdem es zur Sommer- oder Winterlammung gehört, beschaffen sein wird.

Um dies deutlich zu machen, spreche ich hier in Worten aus, was die Zeichen der vierten Rubrik von Tabelle II bei den Lämmern, Tafel-Nummer 282 und 283, vom Jahre 1843 bedeuten.

Tafel-Nummer 282.

Das Bocklamm Tafel-Nummer 282, tätowirte Nummer 476, ist regelmäßig gekräuselt, mit Hautfalten versehen, und ist der Stand der Wolle dicht auf der Haut. Die in den Rubriken I bis XIV verzeichneten Eigenschaften desselben zeigen, daß es im 2½jährigen und späteren Alter bei einer Feinheit der Wolle von Super-Electa sehr ausgeglichen und dichtwollig sein wird, und sich wol dazu eignen dürfte, zum Sprungbock für die hiesige Heerde genommen zu werden.

Tabelle V zeigt, daß das Bocklamm 476 bei der diesjährigen im Januar stattgefundenen Sortirung zum Sprungbock für die hiesige Heerde gewählt ist.

Tafel-Nummer 283.

Das Zibbelamm Tafel-Nummer 283, tätowirte Nummer 577, ist schlicht und ohne Hautfalten, der Stand der Wolle auf der Haut ist dünn. Die in den Rubriken I bis XIV verzeichneten Eigenschaften desselben zeigen, daß es im 2½jährigen und späteren Alter, bei einer Feinheit von Super-Electa unausgeglichen und sehr dünnwollig sein wird. Da auch die Keule sehr abfallend und der Arm sehr dünn besetzt und matt sich zeigen werden, so ist das Lamm für die Eliten-Heerde nicht brauchbar.

Die diesjährige, im Januar d. J. stattgefundene Sortirung hat gezeigt, daß dies Urtheil mit Recht gefällt ist, denn das Zibbelamm 577 ist in die II. Classe der gemischten Heerde versetzt.

So zeigen meine Lämmersortirungs- und übrigen Stamm-Register, die ich Jedem gern zur Durchsicht vorlege, wie in der Regel die Beurtheilung des Lamms durch die in den Stamm-Registern notirte Sortirung der Schafe und Böcke gerechtfertigt wird, und wie ich nur selten in meiner Ansicht mich täusche. Läugnen kann ich es jedoch nicht, daß die Lämmer-Sortirung sehr schwierig und mühsam ist, und viel Ausdauer und Uebung erfordert, ehe man sich gehörig eingeübt hat. Allein neunjährige Erfahrungen (seit so lange habe ich nämlich dieselbe in den von mir verwalteten Stammschäfereien eingeführt) haben mir gezeigt, wie wichtig sie bei der Züchtung ist, und wie sehr sie ein schnelles und sicheres Vorschreiten in der Vervollkommnung der Heerde befördert; weshalb ich sie denn auch für dringend nöthig bei einer geregelten Züchtung erklären muß.

Die Jährlinge werden nicht sortirt, weil sich in diesem Alter des Thiers die Wolle noch nicht gehörig ausgebildet hat, aber sie werden einzeln durchgesehen und mit dem Lämmersortirungs-Register verglichen.

Aus den Jährlings-Böcken werden mit Hülfe des Lämmersortirungs-Registers die ausgezeichnetsten ausgewählt, und jedem dieser ausgewählten Böcke 8 Schafe zum Probesprung aus den 4 Classen der gemischten Heerde gegeben; und zwar geschieht dies Probespringen bei den Sommerlämmern im Januar und bei den Winterlämmern im Juli, damit sie auch bei dem Probespringen nicht jünger als in einem Alter von 1½ Jahren gebraucht werden. Durch diese von den Probir-Böcken gefallenen Lämmer lerne ich nun die Vererbung ihrer Väter genau kennen, und erwähle mir nach derselben aus den 2 und

2½ jährigen Böcken meine Sprungböcke. Diese erhalten das erste Mal 30 bis 40 Schafe solchen Wollcharakters, mit dem sie sich als Probir-Böcke am Besten vererbt haben. Die von diesen Schafen gefallenen Lämmer zeigen mir, ob die Paarung richtig war oder nicht, und erhält der betreffende Bock das nächste Jahr alle Schafe wieder, mit denen er sich gut vererbt hat, während diejenigen, mit welchen dies nicht der Fall war, einem anderen, jenem in der Vererbung ähnlichen Bock gegeben werden.

Es ist nicht möglich, daß wir der Natur in ihrem Schaffen Gesetze vorschreiben können, noch weniger möglich ist es aber, daß wir von einem Thiere nach seiner äußeren Beschaffenheit vorhersagen können, wie sich dasselbe bei der Züchtung vererben werde, weil dabei eben auch die Vorfahren ein so gewichtiges Wort mitsprechen; deshalb ist es nöthig, daß wir die Natur in ihrem Wirken belauschen, und den uns gegebenen Winken folgen. Um dies aber bei Züchtung der Schafe zu können, habe ich die Lämmersortirung und den Probesprung bei den von mir verwalteten Stammschäfereien eingeführt, und mich bei den dadurch erlangten Resultaten ganz wol befunden.

Im Januar jeden Jahres, also wenn die zutretenden Mütter resp. 2 und 2½ Jahr alt sind, werden dieselben sortirt und zum Bock gelassen, so wie auch alle älteren Schafe. Was dann im Juli nicht lammt, wird im August zum Bock gelassen, um nicht zu viel Schafe güst zu behalten, und dadurch gute Schafe schlecht zu nutzen.

Bei dieser Sortirung wird wieder das Lämmer-Sortirungs-Register zur Hand genommen, um die Resultate der Sortirung der damals 3 Wochen alten Lämmer, mit dem Befund der hinsichts ihrer Körperbeschaffenheit und ihrer Wolleigenschaften ausgebildeten Thiere zu vergleichen. Die für die Eliten-Heerde aus den Eliten-Lämmern ausgewählten Thiere werden sogleich ins Journal des Stamm-Registers (Tabelle III.)

eingetragen, und zwar nach fortlaufender Nummer, jedoch die Electoral-Heerde getrennt von der Infantado-Heerde. Auch wird das Ergebniß der Sortirung sogleich darin notirt, und der für das betreffende Schaf bestimmte Bock. Die nach ihren Wolleigenschaften und sonstiger Beschaffenheit nicht für die Eliten-Heerden geeigneten Thiere werden mit dem Ohrzeichen der gemischten Heerde in die betreffende Classe versetzt, wenn sie auch von Eliten-Müttern abstammen; dagegen kommen nie Abkömmlinge der gemischten Heerde in die Eliten-Heerde, wenn sie sich auch in jeder Hinsicht dazu eigneten; und eben so wenig werden Böcke aus derselben für die hiesige Heerde zum Sprunge benutzt, und auch nur aus der ersten Classe der gemischten Heerde dergleichen verkauft.

Das betreffende Journal ist, wie Tabelle III. zeigt, so eingerichtet, daß in der ersten Rubrik die tätowirten Nummern der Reihe nach folgen, welches das Aufsuchen der zur Sortirung kommenden Schafe erleichtert. Dann ist es aber auch so eingerichtet, daß das Schurgewicht des Schafs, der für dasselbe bestimmte Bock, so wie dessen Vererbung, und das junggewordene Lamm von jedem Jahre in nebeneinanderstehenden Rubriken verzeichnet sind; wodurch mir eine rasche Uebersicht der Lebens-Geschichte des Schafs und ein sicherer Leitfaden bei der Zulassung gewährt wird.

Die Vererbung des Bocks wird nämlich sogleich bei der Lämmersortirung im Journal notirt, und durch Unterstreichen der ihn bezeichnenden Nummer angedeutet. Die nicht unterstrichene Zahl des Bocks bedeutet, daß er sich nur mittelmäßig vererbt hat; ist die Zahl aber einmal unterstrichen, so zeigt dies, daß die Vererbung gut, und ist sie zweimal unterstrichen, daß sie sehr gut ausgefallen ist.

Bei der Sortirung der zutretenden Schafe und Böcke wird dann bei den betreffenden Nummern im Journal bemerkt, ob erstere wieder zu den Eliten (E) gekommen, oder ob sie zur gemischten Heerde (#) versetzt sind, bei den Böcken aber, ob sie zu Sprungböcken (Sp.) genommen, oder zum Verkauf (♆) bestimmt, oder zu kastriren (+) sind. Durch diese Bemerkungen werden dann zugleich diejenigen, welche bei der Lämmersortirung gemacht wurden, kontrollirt.

Aus dem Journal, in welches sogleich bei der Sortirung im Stalle die nöthigen Notizen eingetragen werden, wird das Hauptbuch des Stamm-Registers angefertigt (Tabelle IV.), und zwar sowol für die Electoral- als auch für die Infantado-Heerde ein besonderes Buch. Dasselbe hat hauptsächlich den Zweck, eine constante Vererbung der Heerde zu befördern und festzuhalten. Es ist also so eingerichtet, daß es hierüber eine leichte Uebersicht gewährt. Deshalb sind die Schafe hier nicht nach ihren laufenden tätowirten Nummern, sondern nach ihren Familien-Nummern geordnet. Oben in der Ecke jeden Blattes steht das Folium desselben, und darunter die Familien-Nummer des Schafs, um das Aufsuchen zu erleichtern. Eben so enthält die erste Rubrik vorn die Familien-Nummer, und die zweite erst die tätowirte Nummer; alle übrigen Rubriken sind die des Journals, nur die letzte ist hier noch hinzugefügt, um das Aufsuchen der Lämmer zu erleichtern. Jedes Blatt zeigt 4 starke mit A. B. C. D. bezeichnete Linien, und unter jeder starken Linie befinden sich 4 feine Linien. Die Linie A. nimmt die Stamm-Mutter der Familie ein, und werden auf den Linien a, b, c, d, e, ihre Lämmer eingetragen. Die Linie B. nimmt das älteste Zibbelamm, also das auf Linie A. a. verzeichnete, ein, wenn es zum Bock gelassen wird, und wird seine Sortirung aus dem Journal auch auf Linie B. bemerkt. Die bei Linie B. befindlichen Linien a, b, c, d, e sind für die Lämmer dieses auf Linie B. eingetragenen Schafs bestimmt. Die Linie C. nimmt das auf Linie A. b. eingetragene Lamm ein, und so fort. Für jede Stamm-Mutter, wie z. B. für 37,55, sind vier Seiten im Hauptbuch des Stamm-Registers freigelassen, um für einen Zeitraum von 30 bis 40 Jahren auszureichen; und kann ich nun durch die für die Sortirung eingeführte Bezeichnung die Vererbung einer jeden Familie genau übersehen und auch leicht beurtheilen, ob und welche Eigenschaften sich in ihr constant vererben, wie also die Nachkommen derselben bei der Züchtung zu verwenden, und die aus ihr gewählten Probirböcke nach ihrer Vererbung zu beurtheilen sind.

Tabelle V. zeigt das Stamm-Register und die Bonitirungs-Liste der für die hiesige Heerde gebrauchten Sprungböcke, in welcher sie notirt werden, sobald sie in dem Alter von 2 und 2½ Jahr zu solchen erwählt sind. Sie enthält 32, verschiedene Körpertheile des Bocks bezeichnende, Nummern, deren beigefügte Erklärung die für die Bonitirung gewählten Zeichen verdeutlichen wird. Es haben mir dieselben bisher noch immer genügt, um mir auch noch lange nach dem Tode eines Sprungbocks seine Eigenschaften ins Gedächtniß zurückzurufen, seine Nachkommen danach zu beurtheilen, und auf ihre Vererbung schließen zu können.

Erklärung der im Stamm-Register gebrauchten Zeichen.

I. Allgemeine Zeichen für die Tabellen II. III. IV. u. V.

Wegen der Feinheit der Wolle.

a heißt erste Electa
— a „ zweite Electa
+ a „ Super-Electa
b „ Prima.

Wegen des Charakters der Wolle.

∾ heißt schlicht
ϯ „ regelmäßig gekräuselt

§ heißt kreppartig
+ § = Krepp
⁞ = markirt
+ ❙ = Zwirn.

Wegen des Stapels.

Λ heißt klar oder kleinknöspig
⌒ = stumpf
⊓ = platt
N = perlig
+ N = rauhspitzig.

Wegen der Länge der Wolle.

1 heißt, die Länge der Wolle ist normal
Ɩ = die Wolle ist zu kurz
ŀ = die Wolle ist zu lang.

Wegen des Schweißes.

— heißt leichtschweißig
+ = schwerschweißig
+ + = sehr schwerschweißig.

Wegen der Dichtheit.

a heißt gut bewachsen
a— = schlecht bewachsen
a+ = sehr dicht bewachsen
a++ = außerordentlich dicht bewachsen.

Wegen der Ohren.

a heißt dick und mit Wolle besetzt
b = dick und mit Haaren besetzt
c = dünn und rothspitzig.

Wegen des Halses.

r heißt ein runder Hals ohne Falte
f = mit einer langen Falte oder auch mit Halskragen
+ f = mit einer langen haarigen Falte

b heißt mit Brustlappen
k " mit Koder.

Wegen des Charakters des gewaschenen Vließes.

a heißt fein, kurz, gedrängt und edel
a + " sehr fein, kurz, gedrängt und sehr edel
b " etwas stark, zu lang, unedel.

II. Besondere Zeichen für Tabelle II. III. u. IV.

Bedeutung der Zahlen. (Hiezu Fig. I. Taf. VI.)

1. bedeutet das Genick
2. " Widerrist
3. " Weichen
4. " Schwanzwurzel
5. " Vorderblatt
6. " Seite
7. " Keule
8. " Bauch
9. " Arm
10. " Halsseite
11. " Stirnplatte
12. " Ohren
13. " vordere Halsbildung.

Bei den Lämmern.

∾ bedeutet schlicht
o " gekräuselt
f " faltig
+f " sehr faltig
= " ausgeglichen
—= " nicht ausgeglichen
+= " sehr ausgeglichen
— " vor der Zahl: abfallend, grob, und hinter der Zahl: dünnwollig
\+ " das Gegentheil.

Steht das Zeichen —, ohne weitere Zahl, in der allgemeinen Notiz (Tabelle II.), so heißt es: das Lamm ist im Ganzen dünnwollig; steht das Zeichen + aber da, so heißt es: es ist dichtwollig.

60,66. Die vornstehende, kleingeschriebene Zahl ist die durch Kerbe im Ohr bezeichnete Familien-Nummer, die große Zahl ist die laufende im rechten Ohr tätowirte Nummer.

III. Besondere Zeichen für Tabelle V.

1) Nasenbogen; a, b, c; bewollt, haarig, kahl.
2) Backen; a, b, c; wie ad 1.
3) Stirn; a—, a, a+, a++; schwach, gut, sehr gut, außerordentlich gut besetzt.
4) Hinterkopf; a, b, c; wie ad 1.
5) Ohren; a, b, c; mit Wollpäuschchen, mit Haaren besetzt, rothspitzig.
6) Genick; a, +a, —a; 1ste Electa, Super-Electa, 2te Electa.
7) Halsbiegung; a, +a, —a; wie ad 6.
8) Widerrist; a, +a, —a; wie ad 6.
9) Rücken; a, +a, —a; wie ad 6.
10) Kreuz; a, +a, —a; wie ad 6.
11) Schwanzwurzel; a, +a, —a; wie ad 6.
12) Wolfsbiß; a, +a, —a; wie ad 6.
13) Hoden; a, b, c; wie ad 1.
14) Keule; a, +a, —a; wie ad 6.
15) Oberschenkel; a, +a, —a; wie ad 6.
16) Unterschenkel; a, +a, —a; wie ad 6.
17) Innerer Schenkel; a—, a, a+; wie ad 3.
18) Schenkel-Gräthe; a, b, +!, f, ff; bewollt, haarig, gezwirnt, mit kleiner Falte, mit großer Falte
19) Hinterbeine; a, b, c; wie ad 1.

20) Weichen; a —, a, a +, f; schwach, gut, sehr gut besetzt, mit Behang.

21) Seiten; a —, a, a +, a + +; wie ad 3.

22) Bauch; a —, a, a +, a + +; wie ad 3.

23) Ellenbogenstoß; a, b; klein, groß.

24) Brustseite; a —, a, a +, f; schwach, gut, sehr gut besetzt, mit Falte.

25) Schulterblatt; a, + a, — a; wie ad 6.

26) Oberarm; a —, a, a +; wie ad 3.

27) Unterarm; a —, a, a +; wie ad 3.

28) Armgräthe; a, b, + |, f, ff; wie ad 18.

29) Vorderbein; a, b, c; wie ad 1.

30) Vorderbrust; a, b, |; in der Feinheit aushaltend, in der Feinheit abfallend, gezwirnt.

31) Halsseite; a —, a, a +, f, ff; dünn, dicht, sehr dicht bewachsen, mit kleinen Halsfalten, mit großen wurstähnlichen Falten.

32) Vordere Halsbildung; r, f, + f, b, k; wie ad I. bei Erklärung der allgemeinen Zeichen. (Hierzu Figur 2. Tafel VII.)

Anmerkung. Ein + über dem die Feinheit bezeichnenden Buchstaben bedeutet, daß der Stand der Wolle an dieser Stelle sehr kräftig ist. Ein — über dem Buchstaben bedeutet, daß die Wolle an dieser Stelle matt steht.

Die übrigen bei Tabelle V. gebrauchten Zeichen haben dieselbe Bedeutung wie bei I.

IV. Stamm- und Klassen-Zeichen und Familien-Nummern u. s. w.

 Zeichen für die Electoral-Eliten.

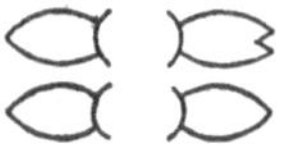 Zeichen für die Infantado-Eliten.

 Zeichen für die Kammwollschafe.

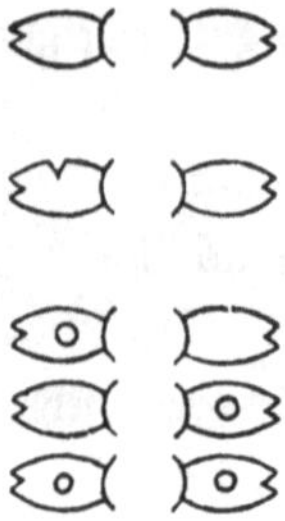

I. Klasse der gemischten Heerde, Abkömmlinge der Electorals.

I. Klasse der gemischten Heerde, Abkömmlinge der Infantados.

II. Klasse der gemischten Heerde.

III. Klasse der gemischten Heerde.

IV. Klasse der gemischten Heerde.

Familien-Nummern.

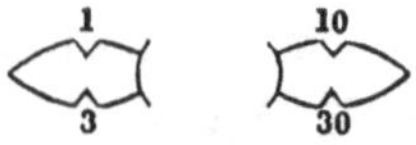

Sonstige Notizen.

† bedeutet gestorben.
♆ „ verkauft.
♯ „ in die gemischten Heerden versetzt.
⊹ „ kastrirt.
E „ Eliten.
Sp. „ Sprungbock.

II.

Terminologie der Schafzucht.

Rassen.

Es giebt nur eine Rasse Merinos, aus der sich durch Züchtung zwei entschieden von einander abweichende Unterrassen gebildet haben, die gegenwärtig die Namen Escurial und Negretti führen, und von denen es wieder verschiedene Stämme giebt, die sich bald der einen, bald der andern Unterrasse annähern.

Abgesehen von den Wolleigenschaften der Escurials und Negrettis, die sich nach den verschiedenen Züchtungs-Principien der Züchter verschieden darstellen werden, unterscheiden sich diese beiden Unterrassen hinsichts ihrer Körperform dadurch, daß:

1) das Escurial-Schaf einen schlanken hochbeinigen Wuchs mit länglich schmalem Kopfe und glattem Halse hat, während
2) das Negretti-Schaf kurzbeinig und tonnenförmig gebaut ist, einen kürzeren stärkeren Kopf und breiteren Hals hat, und mit Koder und Halsfalten und mehr oder weniger Hautfalten über den ganzen Körper versehen ist.

Das Wollhaar.

Das Wollhaar wächst aus der Haut, und zwar aus einem beutelartigen, „Balg" genannten Gefäß, neben welchem die Fett- und Schweißdrüsen liegen. Da das Schaf verschiedene Haare trägt, aber nur eine gewisse Gattung derselben die Wolle bildet, so nennen wir diese Wollhaare, zum Unterschiede von anderen Haaren des Schafes, die sich nicht selten in der Wolle finden.

Das Wollhaar hat ein oberes und ein unteres Ende, bei den Lämmern jedoch eine kegelförmige Spitze. Letztere hat das Wollhaar älterer schon einmal geschorener Thiere um deshalb nicht, weil, indem es wächst, der jüngere nachwachsende Theil den älteren fortschiebt, und die einmal abgeschnittene Spitze sich nicht wieder bildet.

Als ein hornartiger, cylindrischer Körper hat das Wollhaar auch verschiedene Ausdehnungen, also eine Dicke und Länge.

Die Dicke des Wollhaars bestimmen wir nach dem Durchmesser desselben und nennen sie Feinheit, welche um so größer sein wird, je geringer der Durchmesser des Wollhaars ist. Ist der Durchmesser des Wollhaars überall gleich, so nennen wir dasselbe gleichmäßig oder treu.

Das Wollhaar stellt sich in seinem natürlichen Wuchse mehr oder weniger gekräuselt dar, welchen Zustand wir seine Höhe nennen; wird es aber entkräuselt, so nennen wir es gestreckt, und erhalten dadurch die Länge desselben. Ein Wollhaar jedoch, welches nicht nur gestreckt, sondern so weit ausgereckt ist, daß sein Durchmesser dadurch geringer wird, nennen wir gedehnt. Die Größe der Dehnbarkeit eines Wollhaars wird durch den Zeitpunkt des Abspringens beim Ausdehnen bedingt und nach Procenten berechnet. Wenn also ein ausgestrecktes Wollhaar 30 Linien mißt, und es läßt sich um 3 Linien ausdehnen, ehe es abspringt, so beträgt die Dehnbarkeit 10 Proc.; den Widerstand aber, welchen das Wollhaar bei der Ausdehnung zeigt, bis es abspringt, nennen wir die Tragkraft oder den Nerv des Wollhaars, und bestimmen dieselbe nach dem Gewichte, welches nöthig ist, um dasselbe zu zerreißen.

Aus der Dehnbarkeit und Tragkraft gehen die Eigenschaften der Elasticität und Geschmeidigkeit hervor, welche vereint mit Feinheit die Zartheit geben. Es gehen aus ihnen aber auch die Sprödheit, Mürbheit und Brüchigkeit hervor, welche durch ihre Benennung wol hinreichend erklärt sind.

Die Kräuselungen des Wollhaars, Wellungen genannt, stehen mit dem Durchmesser desselben in genauer Verbindung und sind in der Regel um so größer, je dicker das Haar ist, und um so kleiner und zahlreicher bei gleicher Höhe, je feiner dasselbe ist.

Aus den Wellungen erkennen wir daher die Gleichmäßigkeit oder Treue, und Ungleichmäßigkeit oder Untreue des Wollhaars. Sind dieselben vom unteren bis oberen Ende des Wollhaars gleichmäßig, so ist dasselbe wellentreu und zwar $\frac{3}{8}$; ist dies aber nicht der Fall, so kann es bis zu $\frac{1}{3}$ herunter wellentreu sein, und wird dann natürlich wellenuntreu genannt. Dasselbe kann regelmäßig wellenuntreu und unregelmäßig wellenuntreu sein.

Solche Untreue kann auch an einer oder an mehreren Stellen vorkommen, und wird es dann unterbrochen wellentreu oder wellenuntreu genannt, je nachdem die eine oder andere Eigenschaft vorherrschend ist. Ebenso kann es wellenuntreu nach oben und wellenuntreu nach unten sein. Den höchsten Grad der Untreue des Wollhaars nennt man gezerrt (crépue).

Die Form der Bogen, welche die Wellungen des Wollhaars veranlassen, können bei gleicher Spannung höher und niedriger, spitzer und stumpfer, überbogen und regelmäßiger oder unregelmäßiger gewölbt sein, wovon die Ausdrücke:

flachbogig, normalbogig, gedrängtbogig, hochbogig, überbogen und gemascht

entstanden sind.

Der Stapel.

Die Wollhaare verbinden sich gewissermaßen mechanisch zu Büscheln, genannt Strähnchen, demnächst zu Stapelchen, und diese zu Stapeln, welche zu größern Stapel-Conglomeraten sich vereinigen und zuletzt zum Wollvließ sich aneinander schließen.

Der natürliche Wuchs des Stapels kann mehr oder minder hoch sein, welche Höhe wir durch Pariser Linien bezeichnen.

Die Länge des Stapels nennt man, wie beim einzelnen Wollhaare denjenigen Zustand, wo derselbe gestreckt ist, und wird diese gleichfalls nach Pariser Linien gemessen.

Der Zug des Stapels ist durch das Verhältniß der

Länge desselben zur Höhe bedingt, und sprechen wir deshalb von einem *schwachen*, *starken* und *sehr starken Zug*.

Das obere Ende des Stapels wird *Gipfel*, das untere *Schnittende* genannt.

Der *Gipfel* des Stapels kann einen größeren oder kleineren Durchmesser haben, wonach sich eine größere oder geringere Zahl von Stapeln auf einem Quadratzoll der Fläche befinden wird. Nach ihrer Anzahl wird die Größe derselben gemessen.

Die *Form* der Stapel ist immer ein unregelmäßiges Vieleck, welches sich bald mehr, bald weniger der Kreisform nähert.

Wird der Stapel von der Seite betrachtet, so bietet sein Gipfel verschiedene Hauptformen dar, welche wir mit folgenden Ausdrücken bezeichnen:

1) *langgespitzt* oder *spießig* = Λ
2) *kurzgespitzt* oder *spitz* = Λ
3) *stumpf* = ∩
4) *rund* = ⌒
5) *flachgewölbt* = ⌒
6) *platt* = ⊓

Der Körper des Stapels ist in der Regel *kegelförmig* oder *cylindrisch*, seltener *umgekehrt kegelförmig* oder *keulenförmig*, und kommt diese Form fast nur beim platten Stapel vor.

Der *Stand* des Stapels auf der Haut ist entweder *senkrecht* oder mehr oder minder *hängend*, was wir, wenn es in einem höheren Grade stattfindet, *gelagert* nennen. Wenn derselbe mehr oder weniger entfernt vom Schnittende seine senkrechte Lage nach einer Richtung hin verändert, so nennen wir ihn *geknickt*; *gewunden* aber, wenn diese Veränderung in spiralförmiger Richtung erfolgt.

Stapel, welche in Strähnchen, ganz frei und ohne Verbindung mit einander, vom Schnittende bis zum Gipfel auf der Haut stehen, nennen wir *bandförmig*, und wird dieser Stand, namentlich bei längeren Wollen, nie *gedrängt*, sondern in der Regel *schütter* sein.

Stapel, welche vom Schnittende bis zum Gipfel in wachsendem Verhältniß gebogen sind, nennen wir *überhängende*.

Wird der Stapel mehr durch eigene Schwäche, als durch äußeren Druck in der Entwickelung seiner natürlichen Form gehindert, und umgelegt, so nennen wir ihn *liegend*; wie dies häufig an den Schenkeln vorkommt; findet dies Hinderniß aber durch einen äußeren senkrechten Druck statt, so nennen wir ihn *gedrückt*, wie z. B. am Bauche.

Je nachdem ein Stapel eine größere oder geringere Menge von Wollhaaren im Verhältniß zu seinem Durchmesser enthält, nennen wir ihn *hohl* oder *leer*, und *kernig* oder *voll*.

Einen Stapel, dessen ihn bildende Stäpelchen dicht stehen, nennen wir *geschlossen*, wo dies dagegen nicht der Fall ist, nennen wir ihn *offen*. Ein *voller* Stapel muß daher auch ein *geschlossener* sein, wohingegen ein *leerer* Stapel *offen* sein wird.

Die Stapelung.

Wenn wir die Verbindung der einzelnen Stapel zu einander betrachten, so finden wir, daß das Auseinandertheilen derselben durch ihren Zusammenhang unter einander mehr oder weniger gehindert wird, und nennen dies — *leicht-* und *schwertheilig*.

Weil nun aber diese Theilung in kleineren oder größeren Gruppen erfolgen kann, so bezeichnen wir diese Eigenschaften durch *klein-* und *großmassentheilig*, und zwar vom Durchmesser des Rapskorns bis zu dem eines Quadratzolles, und nennen ersteren Rapskorn- und letzteren Quaderstapel.

Wenn die Stapel bei ihrer Trennung von einander, von oben angesehen, eine gleiche Form haben, so nennen wir die Stapelung gleichförmig, und wenn nicht, ungleichförmig.

Die Gleichförmigkeit der Stapel kann jedoch mehr oder weniger verschieden sein, je nachdem ihr Durchmesser größer oder kleiner ist. Die Größe der Stapel messen wir nach der Anzahl der auf einem Quadratzoll sich befindenden Stapel.

Gleichständig nennen wir eine Stapelung, wenn die einzelnen Stapel, welche auf einem Theile des Vließes sich befinden, in ihrer Höhe vollständig übereinstimmen; ungleichständig aber, wenn dieselben eine verschiedene Höhe haben.

Verschiedene Grade der Ungleichständigkeit der Stapelung benennen wir nach dem Bilde, welches sie dem Auge darbietet; so nennen wir buschig eine ungleichständige Stapelung, bei welcher fast nur runde Stapelgipfel erscheinen; strauchig diejenige, wo runde und spießige mit einander abwechseln, und schilfig diejenige, wo nur spießige Stapelgipfel sich neben einander befinden.

Gleichartig ist eine Stapelung, die Gleichförmigkeit und Gleichständigkeit in sich vereinigt.

Freiständig nennen wir eine Stapelung, bei welcher die einzelnen Stapel, wenn sie durch die aufgelegten sich spreizenden Finger getrennt werden, in ihren Gipfeln nicht durch Haare, welche von einem zum andern überlaufen, verbunden sind, sondern sich leicht bis zu ihrem Schnittende hinunter trennen.

Verbunden ist eine Stapelung, wenn die Gipfel der einzelnen Stapel durch etwas stärkere, von einem zum andern überlaufende Haare vereinigt sind.

Steigert sich diese Eigenschaft dergestalt, daß diese Haare noch oberhalb der Gipfel der Stapel mit einander eine Verbindung eingehen, so nennen wir eine solche Stapelung überwüchsig, und bezeichnen die verschiedenen Grade derselben mit besponnen, übersponnen, wergig und moosig.

Das Vließ.

Bei Untersuchung des Vließes finden wir in der Wolle kurze Haare, welche eine kegelförmige Spitze haben, und lose in derselben liegen, welche Stichelhaare heißen; ferner längere und gröbere, der Wolle jedoch noch ähnliche Haare, welche einen Seidenglanz und wenige Wellungen haben: sie finden sich am Koder und Brustlappen vor, und heißen Glanzhaare; endlich grobe Haare ohne Wellungen, welche am Kopfe, Wolfsbiß und nach Wunden vorkommen und Hundshaare genannt werden. Außer diesen finden wir gröbere, den Wollhaaren ganz ähnliche Haare, die auch fast ohne Wellungen gewachsen sind, sich aus der Verbindung der übrigen herauszudrängen pflegen, nicht selten von einem Stapel zum anderen übergehen, die regelmäßige Bildung der Stapel und Stapelung hindern und endlich den Ueberwuchs und andere Wollfehler veranlassen; diese nennen wir falsche Haare.

Dagegen giebt es treue Haare, schätzbar in jedem Vließ, welche die einzelnen Stapel nahe dem Schnittende verbinden, und diese nennen wir Bindehaare.

Den zur Zeit der Betrachtung stattfindenden Stand der Wollhaare im Vließe nennen wir Wollwuchs. Dieser kann sein: lose (dünn) oder dicht, regelmäßig oder unregelmäßig; woraus die Eigenschaften hervorgehen: klar, unklar, verworren, bodig, filzig.

Klar ist der Wollwuchs eines Vließes, wenn nicht die Gipfel der dasselbe bildenden Stapel, sondern nur ihre Schnittenden durch Bindehaare vereinigt sind.

Unklar erklärt sich aus dem Vorigen.

Verworren ist der Wollwuchs, wenn die Stapel nicht

regelmäßig gebaut sind, falsche Haare dieselben durchkreuzen, und bis über die Gipfel derselben hinausgehen.

Bodig nennen wir einen Wollwuchs, wenn das Vließ am Schnittende so dicht verbunden, zusammengeklebt und verworren ist, daß es sich nicht netzartig ausbreiten läßt.

Filzig endlich nennen wir denjenigen Wollwuchs, wo diese Verbindung nicht allein am Schnittende eine feste Decke bildet, sondern selbst bis zu den Gipfeln der Stapel hinaufgeht.

Mit Rücksicht auf die verschiedenen Formen, in welchen das Wollhaar wächst, wird nun auch die daraus zusammengesetzte Wolle sein können: schlicht, flachbogig, normalbogig, hochbogig, überbogig, und in den höheren Stufen: zwirnend und zwirnig. Wenn aber eine Wolle die höchsten Stufen des Zwirnens erreicht hat, bilden sich in der Oberfläche des Vließes Knötchen und Knoten, die bis in die Mitte der Wolle hinabsteigen, und kann man wol eine solche Wolle knöterig nennen.

Normalbogig nennt man diejenige Wolle, deren einzelne Wollhaare zwar scharf ausgeprägte, aber nur gerade einen Halbkreis bildende Wellungen haben, und vom unteren bis zum oberen Ende des Wollhaares wellentreu sind.

Hiernach erklären sich nun leicht die übrigen Formen, und geben wir in Folgendem nur noch eine Erklärung von Kreppwolle.

Krepp nennt man neuerer Zeit diejenige Wolle, welche so gewachsen ist, daß sich alle Wollhaare in sehr engen, dem Auge kaum sichtbaren kleinen Bogen so innig aneinander — nicht ineinander — schmiegen, daß sie ihrer hohen Sanftheit und Zartheit wegen bei der leisesten Veranlassung größtentheils aus ihrer parallelen Lage gebracht werden und so dem Auge den Anblick eines Kreppgewebes darbieten.

Auf den Wollwuchs des Vließes wirken die Ernährung, Haltung und Krankheit des Thiers wesentlich ein und entstehen daraus folgende Erscheinungen, welche aus Störungen des Wollwuchses hervorgehen, nicht aber in der Natur des Schafs liegen:

1) mastig, wenn die Wolle durch zu starke Fütterung mit Fett überladen, und das Wollhaar in seiner Bildung dadurch verändert ist;

2) trocken, wenn es der Wolle an Wollfett fehlt;

3) hungerfein, wenn das Wollhaar durchgängig schlecht ernährt ist;

4) absätzig, wenn vorübergehend die gehörige Ernährung unterbrochen oder das Thier krank gewesen ist;

5) gipfelmürbe, wenn durch äußere Einflüsse, als Regen, besonders Schneewasser, die oberen Enden der Wollhaare entfettet sind;

6) bodig; diese Erscheinung, welche wir vorn beschrieben haben, wird ebenfalls veranlaßt durch irgend einen krankhaften Zustand des Thiers.

Die fettähnliche Substanz, welche sich in der Wolle befindet, nennen wir Wollfett. Dasselbe ist leicht- oder schwerflüssig, von + 1 ° R. an bis 38 °. Bis zu circa 14 ° R. nennen wir es leichtflüssig, daher ölig oder butterig; von circa 16 ° R. bis 38 ° R. mehr oder minder schwerflüssig, daher talgartig, wachsartig und harzartig.

Die Eigenschaften des ganzen Vließes gehen aus den bisher beschriebenen Eigenschaften des einzelnen Wollhaars und der Stapel hervor; doch verlangt man von einem guten Vließ, daß die einzelnen Stapel desselben, angemessen ihrem Durchmesser, sich abtheilen, und, wiewol getrennt, durch Bindehaare einen solchen Zusammenhang erhalten, daß das ganze Vließ bei seiner Ausspannung wie ein elastisches Netz erscheint. Jedoch gilt dies nur von der Krempelwolle (Tuchwolle), wogegen bei reiner Kammwolle diese Eigenschaft kein wesentliches Erforderniß ist.

Es ist in der Natur des Schafs begründet, daß sich die Wolle auf den verschiedenen Körpertheilen desselben mehr oder minder abweichend ausbildet, weshalb auch das beste Woll-Vließ an einzelnen Stellen mehr oder minder abweichende Woll-Eigenschaften zeigen muß. Wir müssen daher, wenn wir ein Vließ ausgeglichen nennen wollen, verlangen, daß nicht nur alle Wollhaare desselben treu, sondern auch die Stapelung des Vließes gleichartig sei. Da dies nun aber, als der Natur des Schafs zuwider, nie vorkommen wird, so nennen wir ein Vließ ausgeglichen, wenn es dem obigen Ideal der Ausgeglichenheit möglichst nahe kommt, und unausgeglichen, wenn es mehr oder weniger weit davon entfernt bleibt. Jeder Schafzüchter wird daher, je nachdem er die Anforderungen an seine Heerde höher steigert, durch die Ausdrücke ausgeglichen und unausgeglichen eine größere oder geringere Annäherung zur Ausgeglichenheit bezeichnen.

Die Wolle.

Aus einer Masse von Vließen besteht die Wolle, welche zum Handel gelangt, deshalb betrachten wir sie schließlich noch als Handelswaare. Als solche zerfällt sie in drei Haupt-Abtheilungen:

1) entschiedene Tuchwolle, Krempelwolle,
2) entschiedene Kammwolle, und
3) Wolle, die als Tuch- und Kammwolle brauchbar ist.

Entschiedene Tuchwolle ist eine solche, die im gewaschenen Zustande nicht über 1½ Zoll Höhe hat, und sich durch große Krimpkraft auszeichnet.

Entschiedene Kammwolle muß mindestens eine Höhe von 2 Zoll im gewaschenen Zustande haben; ihr wesentliches Erforderniß ist jedoch ein schlichter Wuchs und kräftiges treues Haar.

Wolle, die als Tuch- und Kammwolle zu gebrauchen ist, steht zwischen beiden.

Alle Wollen zerfallen im Allgemeinen:

1) in ordinäre,

2) in veredelte,

3) in edle, und

4) in hochedle Wollen.

Unter den letzteren versteht man diejenigen Wollen, welche die werthvollsten Eigenschaften in sich vereinigen.

In Bezug darauf versteht

der Züchter unter Charakter einer Wolle den Inbegriff ihrer Eigenschaften, und

der Fabrikant unter Natur ihren Tauglichkeitsgrad zur Fabrikation, daher gut- und schlechtnaturig.

Das Aeußere des Schafs.

Die auf beiliegender Zeichnung, Figur 3, Tafel VIII, mit Nummern versehenen 42 Körpertheile eines Widders wurden von der Commission als die bei der Züchtung zu berücksichtigenden anerkannt, und wie folgt benannt:

1.	bedeutet	Stirn.
2.	"	Oberkopf.
3.	"	Hinterkopf.
4.	"	Nasenbogen.
5.	"	Nasenflohmen.
6.	"	Backen (Wangen).
7.	"	Ohren.
8.	"	Horn.
9.	"	Genick.
10.	"	Nacken.
11.	"	Halsbiegung.
12.	"	Widerrist.
13.	"	Schulterblatt.

14.	bedeutet	Rücken.
15.	=	Kreuz.
16.	=	Rückengräthe.
17.	=	Schwanzwurzel.
18.	=	Schwanz.
19.	=	Hoden.
20.	=	Keule.
21.	=	Oberschenkel.
22.	=	Unterschenkel.
23.	=	Wolfsbiß.
24.	=	Innerer Schenkel.
25.	=	Schenkelgräthe.
26.	=	Kniescheibenstoß.
27.	=	Sprunggelenk.
28.	=	Hinterbein.
29.	=	Flanken.
30.	=	Seite.
31.	=	Bauch.
32.	=	Weiche.
33.	=	Weichenbehang.
34.	=	Oberarm.
35.	=	Unterarm.
36.	=	Unterarmgräthe.
37.	=	Ellbogenstoß.
38.	=	Vorderbein.
39.	=	Halsseite.
40.	=	Unterhals.
41.	=	Koder.
42.	=	Brustlappen.

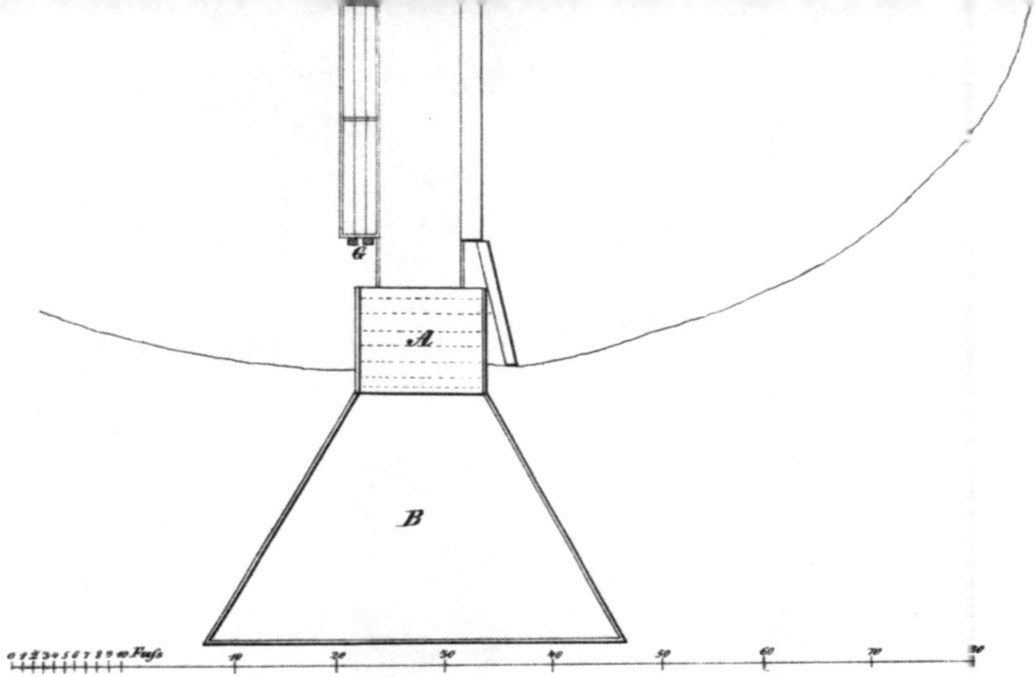
G
A
B
0 1 2 3 4 5 6 7 8 9 10 Fuſs
10
20
30
40
50
60
70
80

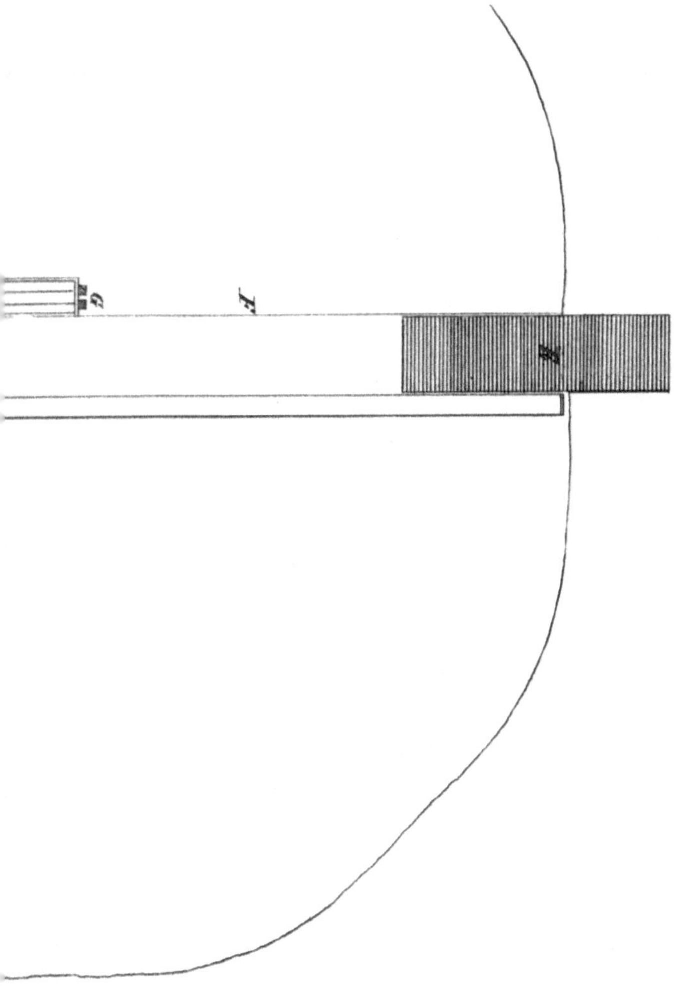
G
F
E

Jahrgang	No. des Lammes	Stammt ab vom		Allgemeine Notiz
		Vater	Mutter	
1842	201. Z.	57,8	37,55	— aof = + E.
1843	170. Z.	6,3	37,55	— aof = + E.
	282. B.	55,41	60,66	+ aof + = + Sp.
	283. Z.	57,8	59,301	+ a∾ — = — 7.9 — #

Tabelle II.

Lämmer - Sortirungs -

II.	III.	IV.	V.	VI.	VII.
Ohren . bewollt . halb bewollt . rothspitzig . mit Woll- päuschchen . nackte Ohren . besetzt . recht gut . ein wenig dünnwollig	**Hals-Form** 1. rund 2. scharfkantig 3. faltiger Koder 4. mit langen Haaren 5. ohne Haare 6. faltige Haut 7. große wurst- ähnliche Falten 8. Brustlappen	**Stapelbau** a. gedreht, sp tz, dünn b. graupenartig c. griesartig d. perlig e. sammtartig f. haarig g. dicht h gleichartig	**Widerrist** 1. spitz und scharf ∧ 2. sanft ge- wölbt ⌒ 3. mit Rinne ⏟ 4. Wollstplchn nach No. IV.	**Rücken** 1. breit und rund 2. mit vielen Sichelhaaren 3. ziegenhaarig. Wollstplchn nach No. IV.	**Schwanz** 1. rein 2. sichelhaarig 3. ziegenhaarig a. halbbehaart b. blos die Spitze c. oder ganz
1. b. a	1.	b	2. b	1. b	2.
1. b. a	1. 6.	b	2. b	1. b. 2.	2.
2. b. a	1. 6.	cgh	2. c	1. c	1.
3. 6. b	2.	e	2. e	1. e	1.

R e g i st e r.

VIII.	IX.	X.	XI.	
Seiten 1. Wollstplchn No. IV. 2. rothfarbig durchschei= nend 3. dicht 4. faltig	**Keulen** 1. hängend 2. stehend 3. langhaarig 4. sichelhaarig	**Gräthen** 1. ziegenhaarig 2. sichelhaarig 3. rein	**Bauch** 1. ziegenhaarig 2. sichelhaarig 3. rein 4. Wollstplchn a. sanft b. hart	**N** **le** **de** 1. 2. a. b.
1. b. 3.	2.	2.	2. 4. b	
1. b. 3. 4.	2. 4.	2.	2. 4. a	
1. c. 3. 4.	2.	3.	3. 4. a	
1. e. 2.	1.	[illegible].	3. 4. a	

III.	XIV.	XV.	XVI.
lten, menge : den nzen örper en Sei= n viele lten Hinter= nkel erfalten Schwanz Falten	**Beine** a. bis an die Kniee be= wollt b. bis zum Hufe bewollt c. kahl	Laufende No. des Lammes im Stamm= register	Anmerkung. Folium im Stamm=Regi= ster, Schur=Gewicht als Sommerlamm 2c.
=	a	482	Fol. 184. 2 Pfd. 12 Lth.
.	a	556	Fol. 184. 2 Pfd. 16 Lth.
?. 4.	b	476	Fol. 274. 2 Pfd. 16 Lth.
=	c	577	Fol. 273. 1 Pfd. 10 Lth.

Jahrgang und laufende tätowirte No.	Abstammung		Bonitur der Wolle					
	Vater	Mutter						
	Familien- und							
	laufende No.	tätowirte No.	1.	2.	4.	5.	7.	3.
37,55	„	37,	b	—a	—a	—a	—a	a+
37,62	„	4[illegible],	—a	—a	—a	—a	—a	a+
37,66	„	60,	a	a	a	a	a	a+

Ta

Journal des Stamm

…en							Verhalten		
10.	11.	12.	13.	Charakter der Wolle	Stapelbau	Charakter des gewaschenen Vließes	Schur-Gewicht Pfd.	Lth.	besprungen vom Bock: Familien- und laufende No.
a+	a+	a	r	ꝗ—	Aγ	b	2	20	57,8
a++	a++	b	+fkb	ꝗ+	⌒1	b	3	2	40,46
a	a	b	fk	ξ—	A1	a	2	16	57,8

belle III.

-Registers der Infantados.

1842			Verhalten 1843						Verhalten		
brachte das Lamm		No. des Lämmer-Registers	Schur-Gewicht		besprungen vom Bock: Familien- und laufende No.	brachte das Lamm		No. des Lämmer-Registers	Schur-Gewicht		besprungen vom Bock: Familien- und laufende No.
Bock laufende No.	Zibbe laufende No.		Pfd.	Lth.		Bock laufende No.	Zibbe laufende No.		Pfd	Lth.	
=	E. 482	201	2	6	6,3	=	E. 556	170	2	14	6,3
♆ 236	=	2	2	16	10,46	=	E 560	181	2	20	56,261
=	# 470	151	2	4	55,41	Sp 476	=	282	2	8	6,3

Verhalten 1845						Verhalten 1846					
Schur-Gewicht		besprungen vom Bock: Familien- und laufende No.	brachte das Lamm		No des Lämmer-Registers	Schur-Gewicht		besprungen vom Bock: Familien- und laufende No.	brachte das Lamm		No. des Lämmer-Registers
			Bock laufende No.	Zibbe laufende No.					Bock laufende No.	Zibbe laufende No.	
Pfd.	Lth.					Pfd.	Lth.				
2	12	6,3	126	=	72			6,3			
2	16	56,261	80	=	51			56,261			
2	8	6,3	güst					6,3			

Familien-Nummer	Laufende Nummer	Jahr der Geburt	Jahr des Gebrauchs	Abstammung: Vater Familien- und laufende No.	Abstammung: Mutter Familien- und tätowirte No.	1.
37	55	1837	1842	. .	37,	b
. .	. .	. .	1843	. .	. .	.
. .	. .	. .	1844	. .	. .	.
. .	. .	. .	1845	. .	. .	.
. .	. .	. .	. .	. .	. .	.
37	482	1842	1 45	57,8	37,55	b
. .	. .	. .	. .	. .	. .	.
. .	. .	. .	. .	. .	. .	.
. .	. .	. .	. .	. .	. .	.
. .	. .	. .	. .	. .	. .	.
37	556	1843	1846	6,3	37,55	—a
. .	. .	. .	. .	. .	. .	.
. .	. .	. .	. .	. .	. .	. .
. .	. .	. .	. .	. .	. .	.
. .	. .	. .	. .	. .	. .	.
. .	. .	. .	. .	. .	. .	.
. .	. .	. .	. .	. .	. .	.
. .	. .	. .	. .	. .	. .	.
. .	. .	. .	. .	. .	. .	.
. .	. .	. .	. .	. .	. .	.

Tab

Hauptbuch des Stamm-

r Wolle		bewachsen					
5.	7.	3.	6.	8.	9.	10.	11.
—a	—a	a+	a++	a	a+	a+	a+
.	.	.	.	.	.	.	.
.	.	.	.	.	.	.	.
.	.	.	.	.	.	.	.
.	.	.	.	.	.	.	.
—a	—a	a+	a++	a	a+	a++	a++
.	.	.	.	.	.	.	.
.	.	.	.	.	.	.	.
.	.	.	.	.	.	.	.
.	.	.	.	.	.	.	.
—a	—a	a++	a++	a++	a++	a++	a++f
.	.	.	.	.	.	.	.
.	.	.	.	.	.	.	.
.	.	.	.	.	.	.	.
.	.	.	.	.	.	.	.
.	.	.	.	.	.	.	.
.	.	.	.	.	.	.	.
.	.	.	.	.	.	.	.
.	.	.	.	.	.	.	.
.	.	.	.	.	.	.	.

elle IV.

Registers der Infantados.

12.	13.	Charakter der Wolle	Stapel-bau	Charakter des ge-waschenen Vließes	Schur-Gewicht		Besprun… vom B… Familien-laufend… towirte
					Pfd.	Lth	No.
a	r	ᑫ—	Λɫ	b	2	20	57,8
.	. .	. .	. .	b	2	6	6,3
.	. .	. .	. .	b	2	14	6,3
.	. .	. .	. .	b	2	12	6,3
.	. .	. .	. .	. .	.	.	. .
a	r	ᑫ—	⌒	b	2	3	46,34…
.	. .	. .	. .	. .	.	.	. .
.	. .	. .	. .	. .	.	.	. .
.	. .	. .	. .	. .	.	.	. .
.	. .	. .	. .	. .	.	.	. .
a	fkb	ᑫ+	Λ1	. .	.	.	56,26…
.	. .	. .	. .	. .	.	.	. .
.	. .	. .	. .	. .	.	.	. .
.	. .	. .	. .	. .	.	.	. .
.	. .	. .	. .	. .	.	.	. .
.	. .	. .	. .	. .	.	.	. .
.	. .	. .	. .	. .	.	.	. .
.	. .	. .	. .	. .	.	.	. .
.	. .	. .	. .	. .	.	.	. .
.	. .	. .	. .	. .	.	.	. .

n be o.	Nummer des Lämmer-Registers	Verhalten des Lammes	Bemerkungen
32	201	Elite B.	A. a . . . .
56	170	Elite C.	b . . . .
91	94	. . .	c . . . .
	72	. . .	d . . . .
	. .	. . .	e . . . .
50	115	. . .	B. a . . . .
	. .	. . .	b . . . .
	. .	. . .	c . . . .
	. .	. . .	d . . . .
	. .	. . .	e . . . .
	. .	. . .	C. a . . . .
	. .	. . .	b . . . .
	. .	. . .	c . . . .
	. .	. . .	d . . . .
	. .	. . .	e . . . .
	. .	. . .	D. a . . . .
	. .	. . .	b . . . .
	. .	. . .	c . . . .
	. .	. . .	d . . . .
	. .	. . .	e . . . .

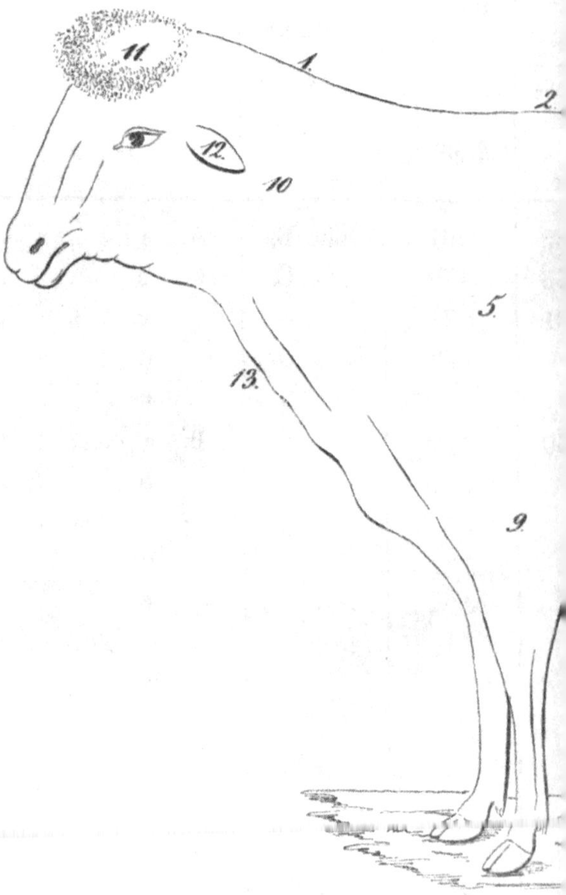
11.
1.
2.
12.
10
5.
13.
9.

7.

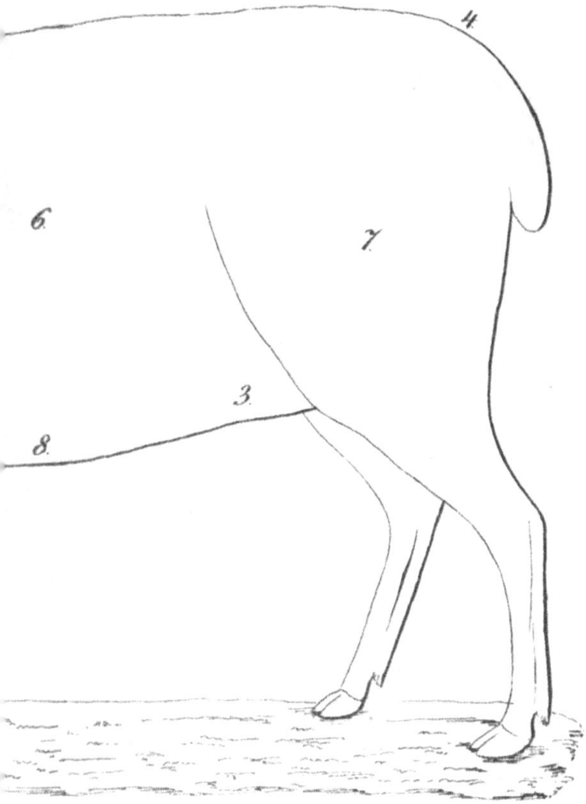

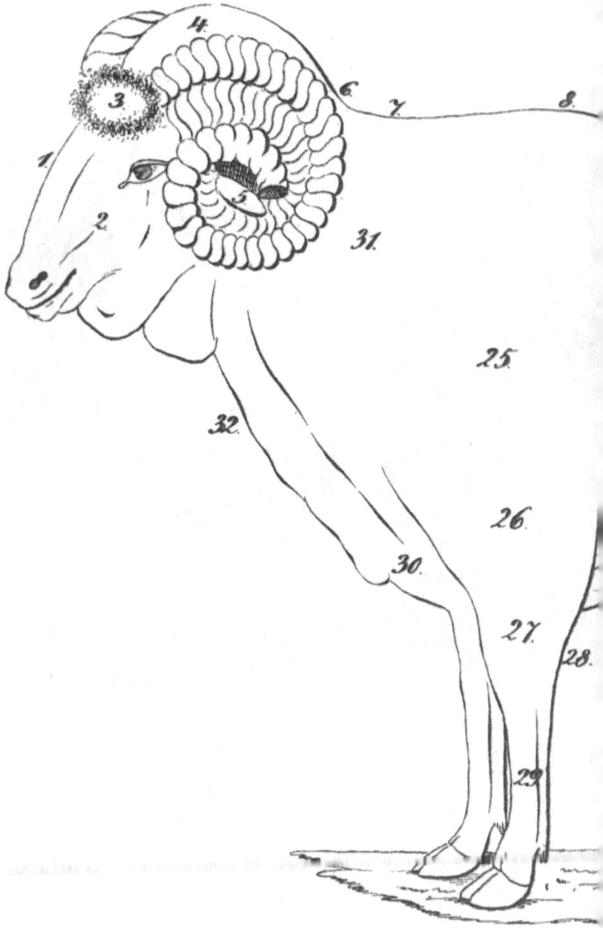
1.
2.
3.
4.
5.
6.
7.
8.
8.
31.
25.
32.
26.
30.
27.
28.
29.

II.

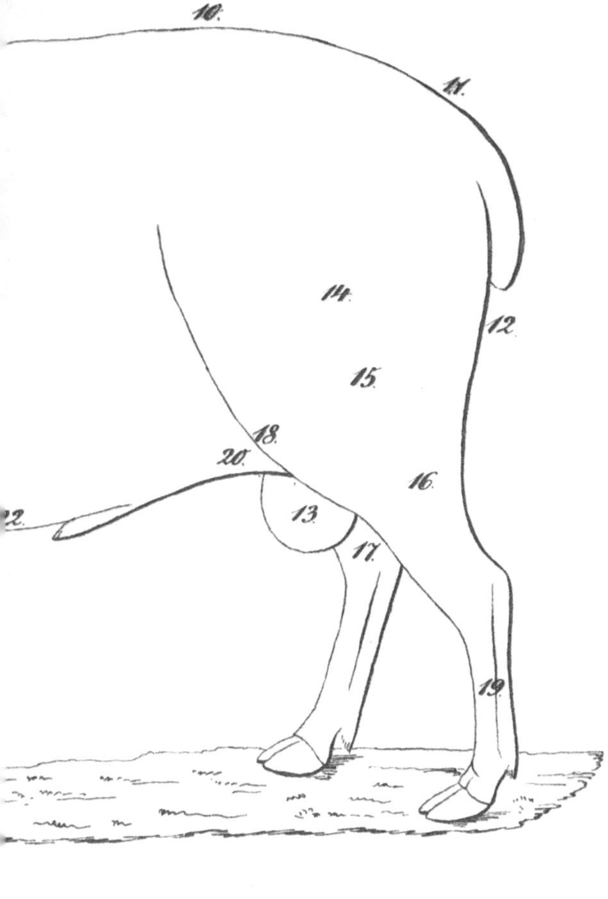

Kolibri 360 GmbH
Ferdinand-Jühlke-Straße 7
99095 Erfurt, Deutschland
produktsicherheit@kolibri360.de